Rechtsanwaltsordnung

in der vom 1. Mai 1934 an geltenden Fassung

Textausgabe mit Verweisungen und Sachverzeichnis

Herausgegeben

von

Dr. Rudolf Pohle

Landgerichtsrat, beschäftigt im Reichsjustizministerium

1934

München, Berlin und Leipzig

J. Schweitzer Verlag (Arthur Sellier)

Druck von Dr. F. P. Datterer & Cie., Freising-München.

Inhaltsverzeichnis.

Vorbemerkung.

Die Rechtsanwaltsordnung hat sich seit ihrem Inkrafttreten am 1. Oktober 1879 zahlreiche Eingriffe durch den Gesetzgeber gefallen lassen müssen. Eine förmliche Änderung ihres Wortlauts erfuhr sie zunächst durch

das Gesetz, betr. Änderungen der Rechtsanwaltsordnung, v. 22. Mai 1910 (RGBl. S. 772),

die Verordnung, betr. die Zulassung von Rechtskundigen im Vorbereitungsdienste zur Stellvertretung von Rechtsanwälten, v. 1. Juni 1920 (RGBl. S. 1108),

das Gesetz über die Zulassung der Frauen zu den Ämtern und Berufen der Rechtspflege v. 11. Juli 1922 (RGBl. I S. 573),

das Gesetz zur Änderung der Rechtsanwaltsordnung v. 9. Juli 1923 (RGBl. I S. 647),

die Verordnung über Vermögensstrafen und Bußen v. 6. Februar 1924 (RGBl. I S. 44),

die Zweite Verordnung zur Durchführung des Münzgesetzes v. 12. Dezember 1924 (RGBl. I S. 775),

das Gesetz über die Änderung der Rechtsanwaltsordnung v. 7. März 1927 (RGBl. I S. 71),

das Gesetz über die Änderung der Rechtsanwaltsordnung v. 29. Juni 1927 (RGBl. I S. 133),

das Gesetz zur Änderung der Bezeichnungen „Gerichtsschreiberei", „Gerichtsschreiber" und „Gerichtsdiener" v. 9. Juli 1927 (RGBl. I S. 175) und

die Verordnung über die Abänderung des Wortlauts verschiedener Gesetze und Verordnungen aus Anlaß des Fortfalls der Bezeichnungen „Gerichtsschreiberei" und „Gerichtsschreiber" v. 30. November 1927 (RGBl. I S. 334).

Von besonderer Tragweite sind hiervon die neuen Vorschriften über die Verjährung der Schadenersatzansprüche gegen Anwälte, über die Bildung zweier Anwaltskammern in größeren Oberlandesgerichtsbezirken (Gesetz v. 22. Mai 1910), über die Vertretung von Rechtsanwälten durch Referendare (VO. v. 1. Juni 1920), über die Zulassung von Frauen zur Rechtsanwaltschaft (Gesetz v. 11. Juli 1922), über Ausnahmen von der Residenzpflicht, über die Geschäftsverteilung des Vorstandes und die Einziehung der Kammerbeiträge durch den Vorstand (Gesetz v. 9. Juli 1923) sowie über die Erleichterung der sog. Simultanzulassung (Gesetz v. 7. März 1927).

Bedeutsamer sind jedoch die Änderungen, denen die Rechtsanwaltsordnung seit dem Umschwung unterworfen worden ist. Ihren Wortlaut änderten

die Verordnung des Reichspräsidenten über Maßnahmen auf dem Gebiete der Finanzen, der Wirtschaft und der Rechtspflege v. 18. März 1933 (RGBl. I S. 109/119),

das Gesetz zur Änderung einiger Vorschriften der Rechtsanwaltsordnung, der Zivilprozeßordnung und des Arbeitsgerichtsgesetzes v. 20. Juli 1933 (RGBl. I S. 522),

das Erste Gesetz zur Überleitung der Rechtspflege auf das Reich v. 16. Februar 1934 (RGBl. I S. 91) und

das Gesetz zur Änderung der Vorschriften über die Ehrengerichtsbarkeit der Rechtsanwaltschaft v. 28. März 1934 (RGBl. I S. 252).

Während die VO. v. 18. März 1933 in der Reichs-Rechtsanwaltskammer die oberste Standesvertretung der Anwaltschaft schuf und zugleich die Möglichkeit eines Vertretungsverbots für die Dauer eines ehrengerichtlichen Verfahrens eröffnete, führte das Gesetz v. 20. Juli 1933 im Interesse der Rechtspflege einige neue Gründe zur Versagung der Zulassung ein (bei früheren Beamten, die wegen Erreichens der Altersgrenze, mangels Dienstfähigkeit, wegen politischer Unzuverlässigkeit oder dergleichen aus dem Amt geschieden sind oder die bei dem Gericht ihrer früheren amtlichen Tätigkeit um Zulassung nachsuchen) und schrieb die Rücknahme der Zulassung bei körperlichen oder geistigen Gebrechen vor. Im Anschluß an das Gesetz über den Neuaufbau des Reichs gewährte das Gesetz vom 16. Februar 1934 der Anwaltschaft die langersehnte Freizügigkeit, und in dem Gesetz v. 28. März 1934 wurde schließlich auch die Ehrengerichtsbarkeit im zweiten Rechtszug durch Angliederung des Ehrengerichtshofs an die Reichs-Rechtsanwaltskammer der Anwaltschaft übertragen.

Durch alles dies sind von den ursprünglich 116 Paragraphen der Rechtsanwaltsordnung nunmehr bereits 11 gegenstandslos geworden, 1 gestrichen und 25 geändert. 12 Paragraphen sind ihr eingefügt worden. Mindestens ebenso wichtig für die Rechtsanwaltschaft sind aber die zahlreichen Bestimmungen in Sondergesetzen, die für den Anwaltstand bedeutsame Fragen regeln. Das Gesetz über die Zulassung zur Rechtsanwaltschaft v. 7. April 1933 mit seinen Durchführungsverordnungen v. 20. Juli und 1. Oktober 1933 (RGBl. I S. 188, 528, 699) entfernte die Kommunisten aus dem Anwaltsstand und regelte die Rassenfrage in der Anwaltschaft im Anschluß an die Gesetzgebung zur Wiederherstellung des Berufsbeamtentums. Das Gesetz v. 20. Juli 1933 schrieb vor, daß bei der Zulassung von Prozeßagenten zur mündlichen Verhandlung vor Gericht auch darauf Rücksicht zu nehmen ist, ob bei der Zahl der zugelassenen Rechtsanwälte ein Bedürfnis dazu besteht. Das Gesetz zur Ordnung der nationalen Arbeit v. 20. Januar 1934 (RGBl. I S. 45) gab den Rechtsanwälten die ausschließliche Vertretungsbefugnis vor dem Landesarbeitsgericht und beseitigte ihren grundsätzlichen Ausschluß von der Vertretung vor den Arbeitsgerichten. Damit sind jedoch nur die wesentlichsten Bestimmungen erwähnt.

Das Bedürfnis nach einer Zusammenstellung des jetzt geltenden Wortlauts der Rechtsanwaltsordnung unter Berücksichtigung der für die Anwaltschaft wichtigsten Bestimmungen aus sonstigen Gesetzen bedarf danach keiner weiteren Begründung. Daß auch die jetzige Gestalt der Rechtsanwaltsordnung nicht ihre endgültige sein wird, ist freilich sicher. Das Bedürfnis nach einer zuverlässigen Ausgabe in ihrer derzeit geltenden Fassung besteht gleichwohl für alle, die in der nächsten Zeit nach ihr zu arbeiten haben, und gerade für jeden, der sich mit der neuen Gestaltung des Anwaltsrechts beschäftigt, wird die Kenntnis des derzeit geltenden Rechts und seiner Entstehung aus der ursprünglichen Rechtsanwaltsordnung des Jahres 1878 wichtig sein. Die vorliegende Ausgabe sucht diesem Bedürfnis abzuhelfen. Sie will zugleich dem angehenden Juristen Wegweiser durch ein unübersichtliches Rechtsgebiet sein. Ich hoffe, daß sie diesen Aufgaben gerecht wird.

Zur Ausgestaltung der Ausgabe sei folgendes bemerkt: Worauf die Änderungen der einzelnen Bestimmungen beruhen, ergibt sich aus den jeweils angefügten Anmerkungen. In ihnen sind auch die wichtigsten Bestimmungen anderer Gesetze abgedruckt oder nachgewiesen, die in der Rechtsanwaltsordnung angezogen sind oder sonst mit dem Recht des Anwaltstandes in Zusammenhang stehen. Wieweit in solchen Verweisungen zu gehen war, konnte oft zweifelhaft sein. Ich habe mich bemüht, einerseits alle wesentlichen Bestimmungen aufzunehmen oder zu erwähnen, andererseits die Ausgabe möglichst nicht mit zu umfangreichen Anmerkungen zu belasten, die die Übersichtlichkeit ja stets mehr oder weniger beeinträchtigen. Alle seit dem 30. Januar 1933 ergangenen Vorschriften sind durch Sperrdruck hervorgehoben. Zur Erleichterung der Übersicht sind den einzelnen Bestimmungen der Rechtsanwaltsordnung Schlagzeilen mit kurzer Inhaltsangabe vorangestellt.

Berlin, im April 1934.

Rudolf Pohle.

Rechtsanwaltsordnung

vom 1. Juli 1878 (Reichsgesetzbl. S. 177) in der vom 1. Mai 1934 an geltenden Fassung.

Erster Abschnitt.

Zulassung zur Rechtsanwaltschaft.

§ 1.

Voraussetzung.

Zur Rechtsanwaltschaft kann nur zugelassen werden, wer die Fähigkeit zum Richteramt[1] erlangt hat.

1. Über die Fähigkeit zum Richteramt bestimmen die §§ 2, 4 GVG.:

§ 2. Die Fähigkeit zum Richteramte wird durch die Ablegung zweier Prüfungen erlangt.

Der ersten Prüfung muß ein dreijähriges Studium der Rechtswissenschaft auf einer Universität vorangehen. Von dem dreijährigen Zeitraum sind mindestens drei Halbjahre dem Studium auf einer deutschen Universität zu widmen.

Zwischen der ersten und zweiten Prüfung muß ein Zeitraum von drei Jahren liegen, welcher im Dienste bei den Gerichten und bei den Rechtsanwälten zu verwenden ist, auch zum Teil bei der Staatsanwaltschaft verwendet werden kann.

In den einzelnen deutschen Ländern kann bestimmt werden, daß der für das Universitätsstudium oder für den Vorbereitungsdienst bezeichnete Zeitraum verlängert wird, oder daß ein Teil des letzteren Zeitraums, jedoch höchstens ein Jahr, im Dienste bei den Verwaltungsbehörden zu verwenden ist oder verwendet werden darf.

§ 4. Zum Richteramte befähigt ist ferner jeder ordentliche öffentliche Lehrer des Rechtes an einer deutschen Universität.

Vgl. ferner das Gesetz über die Zulassung der Frauen zu den Ämtern und Berufen der Rechtspflege vom 11. Juli 1922 (RGBl. I S. 573) Art. I Abs. 1:

Die Fähigkeit zum Richteramte kann auch von Frauen erworben werden.

§ 2.

Freizügigkeit.

Wer die Befähigung zum Richteramt erlangt hat, muß nach Maßgabe der geltenden reichsgesetzlichen Vorschriften in jedem Lande zur Rechtsanwaltschaft zugelassen werden[2].

2. Diese Fassung beruht auf Art. 3 Abs. 1 des Ersten Gesetzes zur Überleitung der Rechtspflege auf das Reich vom 16. Februar 1934 (RGBl. I S. 91).

Bisher lautete die Vorschrift:

§ 2. Wer die Fähigkeit zum Richteramt in einem Bundesstaat erlangt hat, kann in jedem Bundesstaate zur Rechtsanwaltschaft zugelassen werden.

Vgl. hierzu den nunmehr fortgefallenen § 4, Anm. 4 das.

§ 3.

Verfahren.

Über den Antrag auf Zulassung entscheidet die Landesjustizverwaltung[3].

Vor der Entscheidung ist der Vorstand der Anwaltskammer gutachtlich zu hören.

3. Vgl. hierzu Art. 2 Abs. 1 des Gesetzes über den Neuaufbau des Reichs vom 30. Januar 1934 (RGBl. I S. 75):

Die Hoheitsrechte der Länder gehen auf das Reich über.

S. ferner aus der Ersten VO. über den Neuaufbau des Reichs vom 2. Februar 1934 (RGBl. I S. 81):

§ 1. Die Wahrnehmung der Hoheitsrechte, die von den Ländern auf das Reich übergegangen sind, wird den Landesbehörden zur Ausübung im Auftrage und im Namen des Reichs insoweit übertragen, als das Reich nicht allgemein oder im Einzelfalle von diesen Rechten Gebrauch macht.

§ 4. Die obersten Landesbehörden haben im Rahmen ihres Aufgabenbereichs den Anordnungen der zuständigen Reichsminister Folge zu leisten.

§ 4.

(fortgefallen[4]).

4. Die Vorschrift ist durch Art. 3 Abs. 2 des oben Anm. 2 zu § 2 angeführten Gesetzes v. 16. Februar 1934 beseitigt. Sie lautete:

§ 4. Wer zur Rechtsanwaltschaft befähigt ist, muß zu derselben bei den Gerichten des Bundesstaats, in welchem er die zum Richteramte befähigende Prüfung bestanden hat, auf seinen Antrag zugelassen werden.

Das Recht auf Zulassung bei einem mehreren Bundesstaaten gemeinschaftlichen Gerichte wird dadurch begründet, daß der Antragsteller in einem dieser Bundesstaaten die zum Richteramte befähigende Prüfung bestanden hat.

Der Antrag eines nach den vorstehenden Vorschriften berechtigten Antragstellers darf nur aus den in diesem Gesetze bezeichneten Gründen abgelehnt werden.

§ 5.

Fälle, in denen die Zulassung versagt werden muß.

Die Zulassung muß versagt werden:

1. wenn der Antragsteller infolge strafgerichtlichen Urteils die Fähigkeit zur Bekleidung öffentlicher Ämter dauernd verloren hat oder zur Zeit nicht besitzt;
2. wenn der Antragsteller infolge ehrengerichtlichen Urteils von der Rechtsanwaltschaft ausgeschlossen ist;
3. wenn der Antragsteller infolge gerichtlicher An-

ordnung in der Verfügung über sein Vermögen beschränkt ist;

4. wenn der Antragsteller ein Amt bekleidet oder eine Beschäftigung betreibt, welche nach den Gesetzen oder nach dem Gutachten des Vorstandes der Anwaltskammer mit dem Beruf oder der Würde der Rechtsanwaltschaft nicht vereinbar sind;
5. wenn der Antragsteller nach dem Gutachten des Vorstandes der Anwaltskammer sich eines Verhaltens schuldig gemacht hat, welches die Ausschließung von der Rechtsanwaltschaft bedingen würde;
6. wenn der Antragsteller nach dem Gutachten des Vorstandes der Anwaltskammer infolge eines körperlichen Gebrechens oder wegen eingetretener Schwäche seiner körperlichen oder geistigen Kräfte zur Erfüllung der Pflichten eines Rechtsanwalts dauernd unfähig ist;
7.[5] wenn der Antragsteller aus dem Dienste als Beamter des Reichs, eines Landes, einer Gemeinde, eines Gemeindeverbandes oder einer sonstigen Körperschaft des öffentlichen Rechts nach Erreichung der Altersgrenze, von der an die Versetzung in den Ruhestand ohne Zustimmung des Beamten zulässig ist, ausgeschieden ist[6].

5. Nr. 7 ist eingefügt durch Art. 1 Nr. 1 des Gesetzes v. 20. Juli 1933 (RGBl. I S. 522).

6. Vgl. auch für den Fall der Betätigung im kommuni-

stischen Sinne § 3 des Gesetzes über die Zulassung zur Rechtsanwaltschaft vom 7. April 1933 (RGBl. I S. 188):

Personen, die sich in kommunistischem Sinne betätigt haben, sind von der Zulassung zur Rechtsanwaltschaft ausgeschlossen. Bereits erteilte Zulassungen sind zurückzunehmen.

Auf Grund des § 9 des Gesetzes, betr. die Zulassung zur Patentanwaltschaft und zur Rechtsanwaltschaft v. 22. April 1933 (RGBl. I S. 217) ist die DurchführungsVO. v. 20. Juli 1933 (RGBl. I S. 528) ergangen, die in § 2 hierzu bestimmt:

(1) Die Verteidigung oder Vertretung von Angehörigen der kommunistischen Partei ist nur dann als Betätigung in kommunistischem Sinne (§ 3 des Gesetzes über die Zulassung zur Rechtsanwaltschaft, § 3 des Gesetzes, betreffend die Zulassung zur Patentanwaltschaft) anzusehen, wenn dies nach den besonderen Verhältnissen, insbesondere der Häufigkeit derartiger Verteidigungen oder Vertretungen, der Art ihrer Führung oder den Umständen, unter denen die Verteidigung oder Vertretung übernommen wurde, gerechtfertigt ist.

(2) Die frühere Betätigung in kommunistischem Sinne hat bei solchen Personen außer Betracht zu bleiben, die sich schon vor dem 30. Januar 1933 einer Partei oder einem Verbande, die sich hinter die Regierung der nationalen Erhebung gestellt haben, angeschlossen und sich in der nationalen Bewegung hervorragend bewährt haben.

§ 6.

Fälle, in denen die Zulassung versagt werden kann.

Die Zulassung kann versagt werden:

1. wenn der Antragsteller, nachdem er die Fähigkeit zur Rechtsanwaltschaft erlangt hatte, während eines Zeitraumes von drei Jahren weder als Rechtsanwalt zugelassen ist, noch ein Reichs-, Staats- oder Gemeindeamt bekleidet hat, noch

im Justizdienst oder als Lehrer des Rechts an einer deutschen Universität tätig gewesen ist;

2. wenn der Antragsteller infolge strafgerichtlichen Urteils die Fähigkeit zur Bekleidung öffentlicher Ämter auf Zeit verloren hatte;

3. wenn gegen den Antragsteller, welcher früher Rechtsanwalt gewesen ist, innerhalb der letzten zwei Jahre im ehrengerichtlichen Verfahren auf Verweis oder auf Geldstrafe von mehr als fünfzig Reichsmark[7] erkannt worden ist;

4.[8] wenn der Antragsteller als Beamter des Reichs, eines Landes, einer Gemeinde, eines Gemeindeverbandes oder einer sonstigen Körperschaft des öffentlichen Rechts wegen mangelnder Dienstfähigkeit vor Erreichung der Altersgrenze in den Ruhestand versetzt ist;

5.[8] wenn der Antragsteller auf Grund des § 2a oder § 4 des Gesetzes zur Wiederherstellung des Berufsbeamtentums vom 7. April 1933 (RGBl. I S. 175)[3] aus dem Dienste entlassen ist. Der Entlassung auf Grund einer dieser Vorschriften steht ein nach Inkrafttreten des genannten Gesetzes, jedoch vor dem 1. Oktober 1933 erfolgtes anderweites Ausscheiden aus dem Dienste gleich, wenn die nach § 7 daselbst[8] zuständige Stelle erklärt, daß bei dem Antragsteller die Voraussetzungen für die Entlassung nach § 2a oder § 4 daselbst vorgelegen hätten.

7. Art. XII der VO. über Vermögensstrafen und Bußen v. 6. Februar 1924 (RGBl. I S. 44/47) in Verbdg. mit § 2 der 2. VO. zur Durchführung des Münzgesetzes v. 12. Dezember 1924 (RGBl. I S. 775) hat diesen Betrag, der bereits in der Zeit der Geldentwertung mehrfach geändert worden war, an Stelle des ursprünglichen Betrages von 150 Mark gesetzt.

8. Nr. 4 und 5 sind eingefügt durch Art. 1 Nr. 2 des Gesetzes v. 20. Juli 1933 (RGBl. I S. 522).

Für Personen nicht arischer Abstammung bestimmt das Gesetz über die Zulassung zur Rechtsanwaltschaft v. 7. April 1933 (RGBl. I S. 188) § 2:

Die Zulassung zur Rechtsanwaltschaft kann Personen, die im Sinne des Gesetzes zur Wiederherstellung des Berufsbeamtentums vom 7. April 1933 (Reichsgesetzbl. I S. 175) nicht arischer Abstammung sind, versagt werden, auch wenn die in der Rechtsanwaltsordnung hierfür vorgesehenen Gründe nicht vorliegen. Das gleiche gilt von der Zulassung eines der im § 1 Abs. 2 bezeichneten Rechtsanwälte bei einem anderen Gericht.

9. Die angezogenen Bestimmungen des Berufsbeamtengesetzes lauten:

§ 2a. (1) Beamte, die der kommunistischen Partei oder kommunistischen Hilfs- oder Ersatzorganisationen angehört oder sich sonst im kommunistischen Sinne betätigt haben, sind aus dem Dienst zu entlassen. Von der Entlassung kann bei solchen Beamten abgesehen werden, die sich schon vor dem 30. Januar 1933 einer Partei oder einem Verbande, die sich hinter die Regierung der nationalen Erhebung gestellt haben, angeschlossen und sich in der nationalen Bewegung hervorragend bewährt haben.

(2) Zu entlassen sind auch Beamte, die sich in Zukunft im marxistischen (kommunistischen oder sozialdemokratischen) Sinne betätigen.

(3) — — —.

§ 4. (1) Beamte, die nach ihrer bisherigen politischen Betätigung nicht die Gewähr dafür bieten, daß sie jederzeit rückhaltlos für den nationalen Staat eintreten, können aus dem Dienst entlassen werden . . .

§ 7. (1) Die Entlassung aus dem Amte, die Versetzung in ein anderes Amt und die Versetzung in den Ruhestand wird durch die oberste Reichs- oder Landesbehörde ausgesprochen, die endgültig unter Ausschluß des Rechtsweges entscheidet.

(2) . . .

§ 2a ist durch das Gesetz v. 20. Juli 1933 (RGBl. I S. 518) dem Berufsbeamtenges. eingefügt. § 7 ist durch das Gesetz v. 22. September 1933 (RGBl. I S. 655) I Nr. 5 mit Wirkung vom 8. April 1933 (vgl. II daselbst) dahin geändert, daß die Entlassung aus dem Amt durch die oberste Reichsbehörde oder den Reichsstatthalter, in Preußen durch den Ministerpräsidenten oder die oberste Landesbehörde ausgesprochen wird; doch soll, soweit bis zum 30. September 1933 die Entlassung durch eine andere oberste Reichs- oder Landesbehörde ausgesprochen worden ist, die Verfügung dieser Behörde an die Stelle der nach Satz 1 zuständigen Behörde treten.

§ 7.

Aussetzung der Entscheidung.

Ist gegen den nach § 4 (*jetzt § 2*) berechtigten Antragsteller wegen einer strafbaren Handlung, welche die Unfähigkeit zur Bekleidung öffentlicher Ämter zur Folge haben kann, die öffentliche Klage erhoben, so ist die Entscheidung über die Zulassung bis zur Beendigung der Untersuchung auszusetzen.

§ 8.

Zulassungsbereich (Lokalisierung).

Die Zulassung erfolgt bei einem bestimmten Gerichte.

Kammern für Handelssachen, welche ihren Sitz an einem anderen Orte, als an dem des Landgerichts haben, sind im Sinne dieses Gesetzes als besondere

Gerichte anzusehen. Auf seinen Antrag ist jedoch der bei dem Landgerichte zugelassene Rechtsanwalt bei der Kammer für Handelssachen und der bei der Kammer für Handelssachen zugelassene Rechtsanwalt bei dem Landgerichte zuzulassen[10].

10. Abs. 2 Satz 2 ist durch das Gesetz über die Änderung der Rechtsanwaltsordnung v. 7. März 1927 (RGBl. I S. 71) Art. 1 Nr. 1 angefügt.

§ 9.

Zulassung bei mehreren Gerichten (Simultanzulassung)

a. Amts- und Landgericht.

Der bei einem Amtsgerichte zugelassene Rechtsanwalt ist auf seinen Antrag zugleich bei dem Landgerichte zuzulassen, in dessen Bezirk das Amtsgericht seinen Sitz hat, sowie bei den Kammern für Handelssachen, die für den Bezirk des Amtsgerichts zuständig sind, an dem der Rechtsanwalt zugelassen ist. Die Zulassung unterbleibt, wenn das Präsidium des Oberlandesgerichts der Zulassung im Interesse der Rechtspflege widerspricht[11].

11. Die Vorschrift hat durch Art. 1 Nr. 2 des Gesetzes v. 7. März 1927 (RGBl. I S. 71) diese Fassung erhalten. Art. 2 das. bestimmt:

Dieses Gesetz tritt mit dem 1. Januar 1928 in Kraft.

Die Landesjustizverwaltungen werden ermächtigt, Vorschriften zu erlassen, nach denen mit Wirkung bis zum 31. Dezember 1935 die Geltung des § 9 der Rechtsanwaltsordnung in seiner neuen Fassung auf einen Teil der bei den Amtsgerichten zugelassenen Rechtsanwälte beschränkt wird.

Zu dieser Vorschrift vgl. für Preußen AV. v. 19. November 1927 (JMBl. 354), für Bayern Bek. v. 28. November 1927 (StAnz. Nr. 275), für Thüringen VO. v. 22. Dezember 1927 (GS. Nr. 31) und für Hessen V. v. 16. Januar 1928 (RegBl. 11).

§ 10.

b. Kollegialgerichte am Wohnsitz des Anwalts.

Der bei einem Kollegialgerichte zugelassene Rechtsanwalt ist auf seinen Antrag zugleich bei einem anderen, an dem Orte seines Wohnsitzes befindlichen Kollegialgerichte zuzulassen, wenn das Oberlandesgericht durch Plenarbeschluß die Zulassung dem Interesse der Rechtspflege für förderlich erklärt.

Erklärt das Oberlandesgericht die Zulassung einer bestimmten Anzahl von Rechtsanwälten für förderlich und beantragt innerhalb einer bekannt zu machenden vierwöchigen Frist eine größere Anzahl von Rechtsanwälten ihre Zulassung, so entscheidet unter den Antragstellern die Landesjustizverwaltung[12].

12. Wegen der Zulassung von Landgerichtsanwälten im Falle der Aufhebung eines Oberlandesgerichts bei demjenigen Oberlandesgericht, dem das Landgericht ihrer Zulassung nunmehr unterstellt wird, vgl. das Gesetz über die Zuständigkeit der Gerichte bei Änderungen der Gerichtseinteilung v. 6. Dezember 1933 (RGBl. I S. 1037) § 8 Abs. 2:

> Wird ein Oberlandesgericht aufgehoben, so sind die Landgerichtsanwälte, die zugleich bei diesem Oberlandesgericht zugelassen waren, auf Antrag zugleich bei dem Oberlandesgericht zuzulassen, dem das Landgericht nunmehr unterstellt wird. Die Vorschriften der §§ 14a, 15 der Rechtsanwaltsordnung und des § 2 Satz 2 des Gesetzes über die Zulassung zur Rechtsanwaltschaft vom 7. April 1933 (Reichsgesetzbl. I S. 188) bleiben unberührt.

§ 2 des Anwaltsgesetzes v. 7. April 1933 ist oben, Anm. 8 zu § 6, abgedruckt.

§ 11.

c. Landgericht und gemeinschaftliches Oberlandesgericht.

Ist der Rechtsanwalt bei einem Landgerichte zugelassen, welches zum Bezirk eines mehreren Bundesstaaten gemeinschaftlichen Oberlandesgerichts gehört, so kann er zugleich bei dem letzteren zugelassen werden, auch wenn dasselbe an einem anderen Orte seinen Sitz hat.

§ 12.

d. Benachbarte Landgerichte.

Auf Antrag eines Landgerichts können bei demselben Rechtsanwälte, welche bei einem benachbarten Landgerichte zugelassen sind, widerruflich zugelassen werden, wenn nach dem Gutachten des Oberlandesgerichts die Zulassung zur ordnungsmäßigen Erledigung der Anwaltsprozesse erforderlich ist.

§ 13.

Kein numerus clausus.

Die Zulassung bei dem im Antrage bezeichneten Gerichte darf wegen mangelnden Bedürfnisses zur Vermehrung der Zahl der bei demselben zugelassenen Rechtsanwälte nicht versagt werden.

§ 14.

Versagung der Zulassung bei einem bestimmten Gericht.

a. Richterverwandtschaft.

Die Zulassung bei dem im Antrage bezeichneten Gerichte kann versagt werden, wenn bei demselben ein Richter angestellt ist, mit welchem der Antragsteller verheiratet ist oder gewesen ist[13] oder in gerader Linie verwandt oder verschwägert oder in der Seitenlinie im zweiten Grade verwandt oder verschwägert ist, auch wenn die Ehe, durch welche die Schwägerschaft begründet wird, nicht mehr besteht.

13. Die Worte „verheiratet ist oder gewesen ist oder" sind durch Art. VI des in Anm. 1 zu § 1 angeführten Gesetzes v. 11. Juli 1922 eingefügt.

§ 14a.

b. Frühere Tätigkeit bei dem Gericht.

Die Zulassung bei dem in dem Antrage bezeichneten Gericht kann ferner versagt werden, wenn der Antragsteller bei diesem Gericht oder der bei ihm bestehenden Staatsanwaltschaft drei Jahre hindurch in einer Planstelle als Richter oder Staatsanwalt angestellt war. Dies gilt nicht, wenn seit Beendigung dieser Anstellung mindestens fünf Jahre verstrichen sind[14].

14. Die Vorschrift ist durch Art. 1 Nr. 3 des Gesetzes v. 20. Juli 1933 (RGBl. I S. 522) eingefügt.

§ 15.

Versagung der Zulassung bei einem anderen Gericht.

Die Zulassung eines Rechtsanwalts bei einem anderen Gerichte kann versagt werden[15]:

1. wenn gegen den Antragsteller innerhalb der letzten zwei Jahre im ehrengerichtlichen Verfahren auf Verweis oder auf Geldstrafe von mehr als fünfzig Reichsmark[16] erkannt ist;
2. wenn gegen den Antragsteller die Klage im ehrengerichtlichen Verfahren erhoben ist.

15. Wegen der Versagung der Zulassung bei Anwälten nicht arischer Abstammung s. § 2 Satz 2 des Anwaltsgesetzes v. 7. April 1933 (RGBl. I S. 188; oben Anm. 8 zu § 6 abgedruckt).

16. S. o. Anm. 7 zu § 6.

§ 16.

Ehrengerichtliches Zulassungsverfahren.

Der Bescheid, welcher einem Antragsteller die beantragte Zulassung versagt, muß den Grund der Versagung angeben.

Wird die Zulassung nach dem Gutachten des Vorstandes der Anwaltskammer aus einem der im § 5 Nr. 4, 5, 6 bezeichneten Gründe versagt, so ist auf Verlangen des Antragstellers über den Grund der Versagung im ehrengerichtlichen Verfahren zu entscheiden.

Das Verlangen muß bei der Landesjustizverwaltung innerhalb der Frist von einer Woche seit der Zustellung des Bescheides angebracht werden.

Die Landesjustizverwaltung hat den rechtzeitig gestellten Antrag dem Vorstande der Anwaltskammer zu übersenden.

§ 17.

Anwaltseid.

Nach der ersten Zulassung hat der Rechtsanwalt in einer öffentlichen Sitzung des Gerichts, bei welchem er zugelassen ist, folgenden Eid zu leisten:

> „Ich schwöre bei Gott dem Allmächtigen und Allwissenden, die Pflichten eines Rechtsanwalts gewissenhaft zu erfüllen, so wahr mir Gott helfe."

§ 18.

Wohnsitz des Anwalts (Residenzpflicht).

Der Rechtsanwalt muß an dem Orte des Gerichts, bei welchem er zugelassen ist, seinen Wohnsitz nehmen.

Inwieweit benachbarte Orte im Sinne dieser Vorschrift als ein Ort anzusehen sind, bestimmt die Landesjustizverwaltung.

Dieselbe kann einem bei einem Amtsgerichte zugelassenen Rechtsanwalte gestatten, an einem anderen Orte innerhalb des Amtsgerichtsbezirks seinen Wohnsitz zu nehmen.

Ist der Rechtsanwalt bei mehreren Gerichten zugelassen, so muß er im Falle des § 9 am Orte des Amtsgerichts oder an dem nach Maßgabe des Abs. 3 dieses Paragraphen bestimmten Orte[17], im Falle des § 11 am Orte des Landgerichts seinen Wohnsitz nehmen.

Die Landesjustizverwaltung kann von den Vorschriften der Abs. 1 und 4 Ausnahmen bewilligen. Der Rechtsanwalt hat jedoch an dem Orte, an dem er nach den genannten Vorschriften seinen Wohnsitz nehmen müßte, sein Geschäftslokal zu halten[17].

Die Mehrkosten, welche bei der Vertretung einer Partei vor einem Kollegialgerichte durch einen bei demselben zugelassenen Rechtsanwalt dadurch entstehen, daß der letztere seinen Wohnsitz nicht am Orte des Gerichts hat, ist die Gegenpartei zu erstatten nicht verpflichtet.

17. Die Worte „oder" bis „Orte" in Abs. 4 sind durch Art. 1 Nr. 3 des Gesetzes v. 7. März 1927 (RGBl. I S. 71), der Abs. 5 durch Nr. 1 des Gesetzes v. 9. Juli 1923 (RGBl. I S. 647) eingefügt.

§ 19.

Zustellungsbevollmächtigter.

Ist der Rechtsanwalt an dem Ort eines Gerichts, bei welchem er zugelassen ist, nicht wohnhaft, so muß er bei diesem Gericht einen an dem Orte desselben wohnhaften ständigen Zustellungsbevollmächtigten bestellen.

An den Zustellungsbevollmächtigten kann auch die Zustellung von Anwalt zu Anwalt[18] wie an den Rechtsanwalt selbst erfolgen.

Ist eine Zustellung an den Zustellungsbevollmächtigten am Orte des Gerichts nicht ausführbar, so kann sie an den Rechtsanwalt durch Aufgabe zur Post[19] erfolgen.

18. Vgl. hierzu § 198 ZPO.
19. Vgl. hierzu §§ 175, 192 ZPO.

§ 20.

Anwaltsliste.

Bei jedem Gericht ist eine Liste der bei demselben zugelassenen Rechtsanwälte zu führen. In der Liste ist der Wohnsitz der Rechtsanwälte anzugeben.

Hat der Rechtsanwalt den Eid geleistet und seinen Wohnsitz in Gemäßheit des § 18 genommen, so ist er in die Liste einzutragen. Veränderungen des Wohnsitzes hat derselbe unverzüglich anzuzeigen.

Mit der Eintragung beginnt die Befugnis zur Ausübung der Rechtsanwaltschaft[20].

20. Die in einem Abs. 4 früher vorgesehene Bekanntmachung der Eintragung durch den Deutschen Reichsanzeiger ist durch Nr. 2 des Gesetzes v. 9. Juli 1923 (RGBl. I S. 647) beseitigt.

§ 21.

Fälle, in denen die Zulassung zurückgenommen werden muß.

Die Zulassung muß zurückgenommen werden[21]:

1. wenn der Rechtsanwalt seinen Wohnsitz (§ 18)

binnen drei Monaten seit Mitteilung des die Zulassung aussprechenden Bescheides nicht genommen hat;
2. wenn der Rechtsanwalt den Wohnsitz (§ 18) aufgibt;
3. wenn nach der Zulassung sich ergibt, daß sie in Gemäßheit des § 5 Nr. 1, 2 hätte versagt werden müssen.

Die Zurücknahme kann im Falle des § 5 Nr. 1 unterbleiben, wenn der daselbst bezeichnete Versagungsgrund nicht mehr vorliegt.

Die Zulassung bei einem Gericht, an dessen Orte der Rechtsanwalt nicht wohnhaft ist, muß zurückgenommen werden, wenn der Rechtsanwalt einen Monat lang versäumt hat, einen dort wohnhaften Zustellungsbevollmächtigten zu bestellen.

21. Wegen der Rücknahme der Zulassung bei Rechtsanwälten, die sich in kommunistischem Sinne betätigt haben, vgl. § 3 des Anwaltsgesetzes v. 7. April 1933 (RGBl. I S. 188; oben Anm. 6 zu § 5 abgedruckt).

§ 21a.

Weitere Fälle, in denen die Zulassung zurückgenommmen werden muß.

Die Zulassung muß ferner zurückgenommen werden, wenn der Rechtsanwalt infolge eines körperlichen Gebrechens oder wegen Schwäche seiner körperlichen oder geistigen Kräfte zur Erfüllung der Pflichten eines Rechtsanwalts dauernd unfähig ist. Die Feststellung, ob die im Satz 1 bezeichnete Voraussetzung vorliegt, wird im ehrengerichtlichen Verfahren getroffen. Die

Zurücknahme der Zulassung erfolgt nach Rechtskraft der Entscheidung[22].

22. Die Vorschrift ist durch Art. 1 Nr. 4 des Gesetzes v. 20. Juli 1933 (RGBl. I S. 522) eingefügt.

§ 22.

Fälle, in denen die Zulassung zurückgenommen werden kann.

Die Zulassung kann zurückgenommen werden, wenn der Rechtsanwalt infolge gerichtlicher Anordnung in der Verfügung über sein Vermögen beschränkt ist[23].

23. § 1 des Gesetzes über die Zulassung zur Rechtsanwaltschaft v. 7. April 1933 (RGBl. I S. 188) gestattete ferner die Rücknahme der Zulassung von Rechtsanwälten nicht arischer Abstammung, soweit sie nicht Frontkämpfer oder bereits seit dem 1. August 1914 zugelassen waren. Da die Rücknahme nur bis zum 30. September 1933 erfolgen konnte, ist von einem Abdruck der Bestimmung abgesehen. Sie hat nur noch für die seltenen Fälle Bedeutung, in denen dem Anwalt eine Kampfteilnahme in der Kriegsstammrolle oder Kriegsrangliste bescheinigt ist, die Landesjustizverwaltung die Frontkämpfereigenschaft verneint und die Zulassung rechtzeitig zurückgenommen hat, eine Entscheidung über die Frontkämpfereigenschaft durch den Reichsminister der Justiz im Benehmen mit dem Reichswehrminister (vgl. hiezu § 1 Abs. 2, § 3 der DurchführungsVO. v. 20. Juli 1933, RGBl. I S. 528) aber noch aussteht.

Die heute noch bedeutsamen Vorschriften des Anwaltsgesetzes sind oben, Anm. 6 zu § 5, Anm. 8 zu § 6, und unten, Anm. 13 zu § 91a, abgedruckt.

Von erheblicher Tragweite für die Stellung der jetzt noch zugelassenen nicht arischen Rechtsanwälte ist die auf Grund des § 9 des Gesetzes über die Zulassung zur Patentanwaltschaft und zur Rechtsanwaltschaft v. 22. April 1933 (RGBl. I S. 217) ergangene Zweite DurchführungsVO. zum Anwaltsgesetz v. 1. Oktober 1933 (RGBl. I S. 699):

Jeder Rechtsanwalt und Patentanwalt, der auf Grund der Gesetze vom 7. und 22. April 1933 in seinem Beruf verblieben ist, bleibt nicht nur im vollen Genuß seiner Berufsrechte, sondern hat auch Anspruch auf die Achtung, die ihm als Angehörigen seiner Standesgemeinschaft zukommt.

Kein Rechtsanwalt oder Patentanwalt darf in der gesetzmäßigen Ausübung seines Berufes gehindert oder beeinträchtigt werden.

§ 23.

Verfahren bei der Zurücknahme der Zulassung.

Die Zurücknahme der Zulassung erfolgt durch die Landesjustizverwaltung.

In den Fällen der §§ 21 und 22 sind der Rechtsanwalt und der Vorstand der Anwaltskammer vorher zu hören.

Ein die Zulassung zurücknehmender Bescheid muß den Grund der Zurücknahme angeben[24].

24. Obige Fassung beruht auf Art. 1 Nr. 5 des Gesetzes v. 20. Juli 1933 (RGBl. I S. 522).

§ 24.

Löschung in der Anwaltsliste.

Stirbt der Rechtsanwalt oder gibt er die Zulassung auf oder wird die Zulassung zurückgenommen oder verliert der Rechtsanwalt infolge Urteils die Fähigkeit zur Ausübung der Rechtsanwaltschaft, so ist die Eintragung in der Liste zu löschen[25].

25. Der frühere Abs. 2 (Bekanntmachung durch den Deutschen Reichsanzeiger) ist durch Nr. 2 des Gesetzes v. 9. Juli 1923 (RGBl. I S. 647) beseitigt.

§ 25.

Stellvertretung.

Die Stellvertretung eines an der Ausübung seines Berufs zeitweise verhinderten Rechtsanwalts kann nur einem Rechtsanwalt oder einem Rechtskundigen, welcher mindestens ein Jahr und drei Monate[26] im Vorbereitungsdienste beschäftigt worden ist, übertragen werden.

Insofern die Stellvertretung nicht von einem bei demselben Gerichte zugelassenen Rechtsanwalt übernommen wird, darf die Bestellung des Stellvertreters nur durch Anordnung der Landesjustizverwaltung erfolgen.

Auf die in Absatz 1 bezeichneten Stellvertreter, auch wenn dieselben nicht Rechtsanwälte sind, finden die Vorschriften des § 143 Abs. 1, 2 *(jetzt § 157 Abs. 1, 2)* der Zivilprozeßordnung[27] nicht Anwendung. Das gleiche gilt für die im Justizdienste befindlichen Rechtskundigen, welche mindestens ein Jahr und drei Monate[26] im Vorbereitungsdienste beschäftigt worden sind, wenn sie einen Rechtsanwalt, ohne als dessen Stellvertreter bestellt zu sein, in Fällen vertreten, in denen eine Vertretung durch einen Rechtsanwalt nicht geboten ist, oder wenn sie unter Beistand des Rechtsanwalts die Ausführung der Parteirechte übernehmen[28].

26. Die Fristen in Abs. 1 und Abs. 3 Satz 2 sind durch Art. I der VO., betr. die Zulassung von Rechtskundigen im Vorbereitungsdienst zur Stellvertretung von Rechtsanwälten, v. 1. Juni 1920 (RGBl. S. 1108) festgesetzt. Bis dahin betrugen sie zwei Jahre.

Die Vertretung bei Strafverteidigungen regelt § 139 StPO. wie folgt:

> Der als Verteidiger gewählte Rechtsanwalt kann mit Zustimmung des Angeklagten die Verteidigung einem Rechtskundigen, welcher die erste Prüfung für den Justizdienst bestanden hat und darin seit mindestens einem Jahr und drei Monaten beschäftigt ist, übertragen.

27. Diese Vorschriften lauten:

§ 157. Mit Ausnahme der Rechtsanwälte sind Personen, die die Besorgung fremder Rechtsangelegenheiten vor Gericht geschäftsmäßig betreiben, als Bevollmächtigte und Beistände in der mündlichen Verhandlung ausgeschlossen. Sie sind auch dann ausgeschlossen, wenn sie als Partei einen ihnen abgetretenen Anspruch geltend machen und nach der Überzeugung des Gerichts der Anspruch abgetreten ist, um ihren Ausschluß von der mündlichen Verhandlung zu vermeiden.

Das Gericht kann Parteien, Bevollmächtigten und Beiständen, die nicht Rechtsanwälte sind, wenn ihnen die Fähigkeit zum geeigneten Vortrag mangelt, den weiteren Vortrag untersagen. Diese Anordnung ist unanfechtbar.

Die Vorschrift des Abs. 1 findet auf Personen, denen das mündliche Verhandeln vor Gericht durch Anordnung der Justizverwaltung gestattet ist, keine Anwendung. Die Justizverwaltung soll bei ihrer Entschließung sowohl auf die Eignung der Person als auch darauf Rücksicht nehmen, ob im Hinblick auf die Zahl der bei dem Gericht zugelassenen Rechtsanwälte ein Bedürfnis zur Zulassung besteht.

Wegen der Zulassung von Vertretern der Hausbesitzer-, Mietervereine u. dgl. in Mietaufhebungsklagen usw. s. jedoch §§ 12, 27 Abs. 1 des Mieterschutzgesetzes (RGBl. 1928 I S. 25).

28. Über die Wirksamkeit von Rechtshandlungen des Stellvertreters, die nach dem Tode des vertretenen Anwalts vorgenommen sind, bestimmt die Bekanntmachung, betr. die Stellvertretung von Rechtsanwälten usw., v. 9. März 1916 (RGBl. S. 156) § 1 Abs. 1:

Ist ein Rechtsanwalt, für den gemäß § 25 der Rechtsanwaltsordnung ein Stellvertreter bestellt ist, gestorben, so sind Rechtshandlungen, die von dem Stellvertreter oder ihm gegenüber vor der Löschung des Rechtsanwalts vorgenommen worden sind, nicht deshalb unwirksam, weil der Rechtsanwalt zur Zeit der Bestellung des Vertreters oder zur Zeit der Vornahme der Rechtshandlung nicht mehr gelebt hat;

die im § 244 der Zivilprozeßordnung vorgesehene Unterbrechung des Verfahrens tritt erst mit dem Zeitpunkt der Löschung des Rechtsanwalts ein.

Zweiter Abschnitt.
Rechte und Pflichten der Rechtsanwälte.

§ 26.
Vertretungsbefugnis.

Auf Grund der Zulassung bei einem Gericht ist der Rechtsanwalt befugt, in den Sachen, auf welche die Strafprozeßordnung[1], die Zivilprozeßordnung[2] und die Konkursordnung Anwendung finden, vor jedem Gericht innerhalb des Reichs Verteidigungen zu führen, als Beistand aufzutreten und, insoweit eine Vertretung durch Anwälte nicht geboten ist[3], die Vertretung zu übernehmen[4].

1. Vgl. hierzu für Strafsachen § 138 StPO.:

§ 138. Zu Verteidigern können die bei einem deutschen Gerichte zugelassenen Rechtsanwälte sowie die Rechtslehrer an deutschen Hochschulen gewählt werden.

Andere Personen können nur mit Genehmigung des Gerichts und, wenn der Fall einer notwendigen Verteidigung vorliegt und der Gewählte nicht zu den Personen gehört, welche zu Verteidigern bestellt werden dürfen, nur in Gemeinschaft mit einer solchen als Wahlverteidiger zugelassen werden.

Für Militärstrafsachen bestimmt die Militärstrafgerichtsordnung in der Fassung der Bekanntmachung v. 4. November 1933 (RGBl. I S. 921) § 260:

Befugnis zur Führung der Verteidigung

(1) Als Verteidiger können gewählt oder von Amts wegen bestellt werden:

1.—3. .....

4. Rechtsanwälte, die bei einem deutschen Gericht zugelassen sind.

(2) ..... Die Personen zu 4 dürfen, soweit sie von Amts wegen bestellt werden, die Übernahme nicht verweigern.

2. S. hierzu für bürgerliche Rechtsstreitigkeiten §§ 78 (unten Anm. 5 zu § 27 abgedruckt), 79, 157 (oben Anm. 27 zu § 25 abgedruckt) ZPO.

Für das schiedsrichterliche Verfahren bestimmt § 1034 Abs. 1 Satz 2 ZPO. (RGBl. 1933 I S. 821):

Rechtsanwälte dürfen als Prozeßbevollmächtigte nicht zurückgewiesen werden; entgegenstehende Vereinbarungen sind unwirksam.

Für das arbeitsgerichtliche Verfahren bestimmt § 11 des Arbeitsgerichtsgesetzes in der vom 1. Mai 1934 an geltenden Fassung der Bekanntmachung v. 10. April 1934 (RGBl. I S. 319):

Prozeßvertretung

§ 11.

(1) „Vor den Arbeitsgerichten sind als Prozeßbevollmächtigte oder Beistände zugelassen Leiter und Angestellte der von der Deutschen Arbeitsfront getrennt nach Unternehmern und Beschäftigten einzurichtenden Rechtsberatungsstellen, soweit diese Personen nicht neben derartigen Vertretungen die Besorgung fremder Rechtsangelegenheiten vor Gericht geschäftsmäßig betreiben, sowie Rechtsanwälte, die im Einzelfalle von Seiten der Deutschen Arbeitsfront zur Vertretung einer Partei ermächtigt sind. Im übrigen sind Personen, die die Besorgung fremder Rechtsangelegenheiten vor Gericht geschäftsmäßig betreiben, als Prozeßbevollmächtigte oder Beistände ausgeschlossen.

(2) Vor den Landesarbeitsgerichten und dem Reichsarbeitsgericht müssen sich die Parteien durch Rechtsanwälte als Prozeßbevollmächtigte vertreten lassen; zur Vertretung berechtigt ist jeder bei einem deutschen Gericht zugelassene Anwalt.

(3) Der Reichsarbeitsminister kann im Einverneh-

men mit dem Reichswirtschaftsminister und dem Reichsminister der Justiz durch Verordnung andere Stellen (Vereinigungen, Körperschaften) den im Abs. 1 bezeichneten Rechtsberatungsstellen der Deutschen Arbeitsfront für die Prozeßvertretung ihrer Mitglieder gleichstellen."

Wegen der Befugnis der vor dem 1. Mai 1934 zugelassenen Prozeßbevollmächtigten zur weiteren Vertretung in den in diesem Zeitpunkt anhängigen Verfahren vgl. § 66 Abs. 4 des Gesetzes zur Ordnung der nationalen Arbeit v. 20. Januar 1934, sowie die Vierte DurchführungsVO. dazu v. 9. April 1934 (RGBl. I S. 45, 309).

Für das Verfahren vor den Anerbenbehörden bestimmt die Erste Durchführungsverordnung zum Reichserbhofgesetz v. 19. Oktober 1933 (RGBl. I S. 749) § 14:

Prozeßvertretung

(1) Die Beteiligten können vor den Anerbenbehörden mit Beiständen erscheinen. Sie können sich, soweit nicht das persönliche Erscheinen angeordnet wird, auch durch Bevollmächtigte vertreten lassen. Das Gericht kann die Vorlage einer öffentlich beglaubigten Vollmacht verlangen.

(2) Personen, die nicht arischer Abstammung im Sinne des § 1 a des Reichsbeamtengesetzes sind oder die, ohne Rechtsanwalt zu sein, das Verhandeln vor Gericht geschäftsmäßig betreiben, sind vor den Anerbenbehörden als Beistände oder Prozeßbevollmächtigte ausgeschlossen. Werden von diesen Personen schriftliche Eingaben eingereicht, so soll der Vorsitzende oder das Gericht sie zurückweisen; das gleiche gilt für Eingaben, die von einem anderen eingereicht, aber von diesen Personen angefertigt sind. Im übrigen finden die Vorschriften des § 157 Abs. 1 Satz 2, Abs. 2 der Zivilprozeßordnung in der Fassung des Gesetzes vom 20. Juli 1933 (Reichsgesetzbl. I S. 522) entsprechende Anwendung.

(3) Vorbehaltlich des Abs. 2 ist zur Vertretung vor

den Anerbenbehörden jeder bei einem deutschen Gericht zugelassene Rechtsanwalt berechtigt.

Für das Verfahren in Patentsachen bestimmt das Patentanwaltsgesetz v. 28. September 1933 (RGBl. I S. 669) § 9 Abs. 1:

> Auf Grund der Eintragung in die Liste ist der Patentanwalt befugt, in Sachen, die zum Geschäftskreis des Reichspatentamts gehören, andere für eigene Rechnung vor dem Reichspatentamt berufsmäßig zu vertreten. Dieselbe Befugnis steht außer den Patentanwälten nur den bei einem deutschen Gericht zugelassenen Rechtsanwälten zu.

3. S. Anm. 5 zu § 27.

4. Die Zulassung von Rechtsanwälten ergibt sich ferner für Angelegenheiten der freiwilligen Gerichtsbarkeit einschließlich der Aufwertungssachen (vgl. § 73 des Aufwertungsgesetzes v. 16. Juli 1925, RGBl. I S. 117) aus § 13 FGG., für Konkursverfahren aus § 72 KO., für Vergleichsverfahren aus § 8 VglO., für Zwangsversteigerungen und Zwangsverwaltungen aus § 869 in Verbindung mit § 79 ZPO. Im Verfahren vor den Versicherungsämtern, Oberversicherungsämtern und dem Reichsversicherungsamt sind Rechtsanwälte zuzulassen nach §§ 1663, 1679, 1701 der Reichsversicherungsordnung (RGBl. 1924 I S. 779, 1933 I S. 277; vgl. auch §§ 239, 258, 273 des Angestelltenversicherungsgesetzes, RGBl. 1924 I S. 563, 1933 I S. 277). Für Versorgungssachen enthalten die §§ 48, 109, 119 des Reichsversorgungsgesetzes (RGBl. 1927 I S. 515) und § 1 des Altrentnergesetzes (RGBl. 1927 I S. 531) entsprechende Vorschriften. Die Zulassung in Steuersachen regelt das Gesetz über die Zulassung von Steuerberatern v. 6. Mai 1933 (RGBl. I S. 257) in Verbindung mit § 107 der Reichsabgabenordnung (RGBl. 1931 I S. 161, 1933 I S. 257).

§ 27.

Anwaltszwang.

Insoweit eine Vertretung durch Anwälte geboten ist[5], kann nur ein bei dem Prozeßgerichte zugelassener

Rechtsanwalt[6] die Vertretung als Prozeßbevollmächtigter übernehmen.

In der mündlichen Verhandlung, einschließlich der vor dem Prozeßgericht erfolgenden Beweisaufnahme, kann jedoch jeder Rechtsanwalt die Ausführung der Parteirechte und für den Fall, daß der bei dem Prozeßgerichte zum Prozeßbevollmächtigten bestellte Rechtsanwalt ihm die Vertretung überträgt, auch diese übernehmen.

5. Für bürgerliche Rechtsstreitigkeiten bestimmt hierüber § 78 ZPO.:

Vor den Landgerichten und vor allen Gerichten höherer Instanz müssen die Parteien sich durch einen bei dem Prozeßgerichte zugelassenen Rechtsanwalt als Bevollmächtigten vertreten lassen (Anwaltsprozeß).

Diese Vorschrift findet auf das Verfahren vor einem beauftragten oder ersuchten Richter sowie auf Prozeßhandlungen, welche vor dem Urkundsbeamten der Geschäftsstelle vorgenommen werden können, keine Anwendung.

Ein bei dem Prozeßgerichte zugelassener Rechtsanwalt kann sich selbst vertreten.

S. ferner für Strafsachen §§ 172, 345, 390 StPO. (RGBl. 1924 I S. 322), für Angelegenheiten der freiwilligen Gerichtsbarkeit § 29 FGG., für Grundbuchsachen § 80 GBO.

6. Für den Fall der Aufhebung eines Gerichts bestimmt das Gesetz über die Zuständigkeit der Gerichte bei Änderungen der Gerichtseinteilung v. 6. Dezember 1933 (RGBl. I S. 1037) § 8 Abs. 1:

Geht auf Grund des § 2 oder des § 3 ein Rechtsstreit auf ein anderes Oberlandesgericht oder Landgericht über, so bleiben die zu Prozeßbevollmächtigten bestellten Rechtsanwälte zur Fortführung der Vertretung befugt, wenn sie bei einem anderen Gericht als Rechtsanwälte zugelassen bleiben oder neu zugelassen werden.

§ 28.

Pflichten des Anwalts.

Der Rechtsanwalt ist verpflichtet, seine Berufstätigkeit gewissenhaft auszuüben und durch sein Verhalten in Ausübung des Berufs sowie außerhalb desselben sich der Achtung würdig zu zeigen, die sein Beruf erfordert.

§ 29.

Entfernung vom Wohnsitz.

Der Rechtsanwalt muß, wenn er sich über eine Woche hinaus von seinem Wohnsitze entfernen will, für seine Stellvertretung sorgen, auch dem Vorsitzenden des Gerichts, bei welchem er zugelassen ist, sowie dem Amtsgericht, in dessen Bezirk er seinen Wohnsitz hat, Anzeige machen und den Stellvertreter benennen.

§ 30.

Anzeige der Ablehnung eines Auftrags.

Der Rechtsanwalt, dessen Berufstätigkeit in Anspruch genommen wird, ist verpflichtet, wenn er den Antrag nicht annimmt, die Ablehnung ohne Verzug zu erklären, widrigenfalls er den durch die Verzögerung erwachsenen Schaden zu ersetzen hat.

§ 31.

Pflicht zur Ablehnung eines Auftrags.

Der Rechtsanwalt hat seine Berufstätigkeit zu versagen:

1. wenn sie für eine pflichtwidrige Handlung in Anspruch genommen wird;
2. wenn sie von ihm in derselben Rechtssache be-

reits einer anderen Partei im entgegengesetzten Interesse gewährt ist;

3. wenn er sie in einer streitigen Angelegenheit gewähren soll, an deren Entscheidung er als Richter teilgenommen hat.

§ 32.

Handakten (Zurückbehaltungsrecht — Pflicht zur Aufbewahrung).

Der Rechtsanwalt ist nicht verpflichtet, vor Empfang seiner Auslagen und Gebühren die Handakten dem Auftraggeber herauszugeben.

Die Pflicht zur Aufbewahrung der Handakten erlischt mit Ablauf von fünf Jahren nach Beendigung des Auftrags und schon vor Beendigung dieses Zeitraums, wenn der Auftraggeber, zur Empfangnahme der Handakten aufgefordert, sie nicht binnen sechs Monaten nach erhaltener Aufforderung in Empfang genommen hat.

§ 32a.

Verjährung von Ersatzansprüchen des Auftraggebers.

Der Anspruch der Partei auf Schadenersatz aus dem zwischen ihr und dem Rechtsanwalte bestehenden Vertragsverhältnisse verjährt in fünf Jahren[7].

7. Die Vorschrift ist durch das Gesetz, betr. Änderungen der Rechtsanwaltsordnung, v. 22. Mai 1910 (RGBl. S. 772) eingefügt.

§ 33.

Beiordnung eines Pflichtanwalts.

a. Notanwalt.

Außer den in der Zivilprozeßordnung bezeichneten Fällen hat das Prozeßgericht, insoweit eine Vertretung durch Anwälte geboten ist, einer Partei auf

Antrag einen Rechtsanwalt zur Wahrnehmung ihrer Rechte beizuordnen, wenn die Partei einen zu ihrer Vertretung geneigten Anwalt nicht findet und die Rechtsverfolgung oder Rechtsverteidigung nicht mutwillig oder aussichtslos erscheint.

§ 34.

b. Armenanwalt im Parteiprozeß.

Einer Partei, welcher das Armenrecht bewilligt ist, kann auch, insoweit eine Vertretung durch Anwälte nicht geboten ist[8], zur vorläufig unentgeltlichen Wahrnehmung ihrer Rechte von dem Prozeßgericht ein Rechtsanwalt auf Antrag beigeordnet werden.

8. Vgl. hierzu für bürgerliche Rechtsstreitigkeiten § 78 ZPO., oben Anm. 5 zu § 27 abgedruckt.

§ 35.

c. Beschwerde gegen die Ablehnung einer Beiordnung.

Gegen die Entscheidung, durch welche die Beiordnung eines Rechtsanwalts abgelehnt wird, steht der Partei die Beschwerde nach Maßgabe der Zivilprozeßordnung zu[9].

9. Vgl. §§ 567f. ZPO.

§ 36.

d. Auswahl des Pflichtanwalts.

Die Auswahl eines beizuordnenden Rechtsanwalts erfolgt durch den Vorsitzenden des Gerichts aus der Zahl der bei diesem zugelassenen Rechtsanwälte.

Gegen die Verfügung steht der Partei und dem Rechtsanwalte die Beschwerde nach Maßgabe der Zivilprozeßordnung zu[10].

10. S. §§ 567f. ZPO.

§ 37.

Mehrkosten des auswärtigen Armenanwalts.

Die Mehrkosten, welche bei der Vertretung einer armen Partei durch den ihr beigeordneten Rechtsanwalt dadurch entstehen, daß der letztere seinen Wohnsitz nicht am Orte des Gerichts hat, ist die Gegenpartei zu erstatten nicht verpflichtet.

§ 38.

Vorschuß für den Notanwalt.

Im Falle des § 33 kann der beigeordnete Rechtsanwalt die Übernahme der Vertretung davon abhängig machen, daß ihm ein nach den Vorschriften der Gebührenordnung zu bemessender Vorschuß[11] gezahlt wird.

11. Vgl. hierzu § 84 der Gebührenordnung für Rechtsanwälte i. d. Fassung der Bekanntmachung v. 5. Juli 1927 (RGBl. I S. 162).

§ 39.

Pflichtverteidiger in Strafsachen.

Für die Verpflichtung des Rechtsanwalts, in Strafsachen die Verteidigung zu führen, sind die Bestimmungen der Strafprozeßordnung maßgebend.

In denjenigen Fällen, in welchen nach § 144 der Strafprozeßordnung[12] die Bestellung des Verteidigers durch den Vorsitzenden des Landgerichts oder den Amtsrichter zu erfolgen hat, stehen den am Sitze des Gerichts wohnhaften Rechtsanwälten die innerhalb des Bezirks desselben wohnhaften und bei demselben zugelassenen gleich. Auf Reisekosten und Tagegelder für die Reise nach dem Sitze des Gerichts haben dieselben keinen Anspruch.

Ein nach § 12 widerruflich zugelassener Rechtsanwalt kann in Ermangelung von Rechtsanwälten, welche im Bezirke des Gerichts wohnhaft sind, in den Fällen des § 144 der Strafprozeßordnung zum Verteidiger bestellt werden.

12. Die Vorschrift lautet:

§ 144. Die Auswahl des zu bestellenden Verteidigers erfolgt durch den Vorsitzenden des Gerichts aus der Zahl der am Sitze dieses Gerichts wohnhaften Rechtsanwälte. Für das vorbereitende Verfahren erfolgt die Bestellung durch den Amtsrichter.

Auch Justizbeamte, welche nicht als Richter angestellt sind, sowie solche Rechtskundige, welche die vorgeschriebene erste Prüfung für den Justizdienst bestanden haben, können als Verteidiger bestellt werden.

§ 40.

Beschäftigung von Referendaren.

Der Rechtsanwalt ist verpflichtet, den im Vorbereitungsdienste bei ihm beschäftigten Rechtskundigen Anleitung und Gelegenheit zu praktischen Arbeiten zu geben.

Dritter Abschnitt.

Anwaltskammern.

§ 41.

Bereich und Sitz der Anwaltskammer.

Die innerhalb des Bezirks eines Oberlandesgerichts zugelassenen Rechtsanwälte bilden eine Anwaltskammer.

Die Kammer hat ihren Sitz am Orte des Oberlandesgerichts.

§ 41a.

Bildung zweier Kammern in großen Oberlandesgerichtsbezirken.

Durch Anordnung der Landesjustizverwaltung können im Bezirk eines Oberlandesgerichts zwei Anwaltskammern errichtet werden, wenn die Zahl der im Bezirke zugelassenen Rechtsanwälte 1000 übersteigt. Die Landesjustizverwaltung bestimmt, welche Landgerichtsbezirke zu jeder Kammer gehören, und welcher der Kammern die beim Oberlandesgerichte zugelassenen Rechtsanwälte angehören, sowie den Sitz der zweiten Kammer[1].

1. Die Vorschrift ist durch das Gesetz, betr. Änderungen der Rechtsanwaltsordnung, v. 22. Mai 1910 (RGBl. S. 772) eingefügt.

§ 42.

Vorstand.

a. Zahl der Mitglieder.

Die Kammer hat einen Vorstand von neun Mitgliedern.

Durch die Geschäftsordnung kann die Zahl der Mitglieder bis auf sechsunddreißig erhöht werden[2].

2. Die ursprüngliche Höchstgrenze von 15 Mitgliedern war durch das Gesetz v. 9. Juli 1923 (RGBl. I S. 647) Nr. 3 auf 20 erhöht und ist dann durch Nr. 1 des Gesetzes v. 29. Juni 1927 (RGBl. I S. 133) auf 36 festgesetzt worden.

§ 43.

b. Wahl.

Der Vorstand wird durch die Kammer gewählt[3].

Wählbar sind die Mitglieder der Kammer.

Nicht wählbar sind:

1. diejenigen, welche infolge gerichtlicher Anord-

nung in der Verfügung über ihr Vermögen beschränkt sind;

2. diejenigen, gegen welche im ehrengerichtlichen Verfahren oder wegen einer strafbaren Handlung, welche die Unfähigkeit zur Bekleidung öffentlicher Ämter zur Folge haben kann, die öffentliche Klage erhoben ist;
3. diejenigen, gegen welche im ehrengerichtlichen Verfahren auf Verweis oder auf Geldstrafe von mehr als fünfzig Reichsmark [3a] erkannt ist, auf die Dauer von fünf Jahren nach der Rechtskraft des Urteils.

Verliert ein Mitglied des Vorstandes die Wählbarkeit, so scheidet dasselbe aus dem Vorstande.

3. Vgl. jedoch wegen des Verbots von Wahlen bis zum 31. März 1935 das am 12. Januar 1934 verkündete Gesetz über die Vorstände der Anwaltskammern v. 6. Januar 1934 (RGBl. I S. 21):

Bis zum 31. März 1935 finden Wahlen zum Vorstande der Anwaltskammern nach § 43 Abs. 1 der Rechtsanwaltsordnung nicht statt. Die beim Inkrafttreten dieses Gesetzes im Amt befindlichen Mitglieder des Vorstandes bleiben bis zum 31. März 1935 im Amte, soweit nicht ihre Amtszeit infolge einer Wahl nach § 44 der Rechtsanwaltsordnung über diesen Zeitpunkt hinausreicht.

Soweit in der Zeit bis zum 31. März 1935 eine Ergänzung des Vorstandes erforderlich wird, geschieht sie durch den Vorstand im Wege der Zuwahl.

3a. S. o. Anm. 7 zu § 6.

§ 44.

c. Wahlzeit. Ersatzwahl.

Die Wahl des Vorstandes erfolgt auf vier Jahre, jedoch mit der Maßgabe, daß alle zwei Jahre die

Hälfte der Mitglieder, bei ungerader Zahl zum ersten Male die größere Zahl ausscheidet. Die zum ersten Male Ausscheidenden werden durch das Los bestimmt.

Eine Ersatzwahl für ein vor dem Ablaufe der Wahlperiode ausscheidendes Mitglied erfolgt für den Rest derselben.

Wird die Zahl der Mitglieder des Vorstandes erhöht, so hat bei der ersten Wahl der auf Grund der Erhöhung in den Vorstand eintretenden neuen Mitglieder die Kammer zu bestimmen, für welchen Zeitraum die einzelnen Mitglieder gewählt werden; die Bestimmung ist so zu treffen, daß in der Folgezeit die Vorschrift des Abs. 1 Satz 1 gewahrt wird[4] [5].

4. Abs. 3 ist durch Nr. 2 des Gesetzes v. 29. Juni 1927 (RGBl. I S. 133) angefügt.

5. Wegen der Amtszeit der z. Zt. im Amt befindlichen Vorstandsmitglieder und wegen der Ersatzwahlen in der Zeit bis zum 31. März 1935 s. das in Anm. 3 zu § 43 abgedruckte Gesetz v. 6. Januar 1934 (RGBl. I S. 21).

§ 45.

d. Ablehnung der Wahl. Freiwilliges Ausscheiden.

Die Wahl zum Mitgliede des Vorstandes darf ablehnen:

1. wer das fünfundsechzigste Lebensjahr vollendet hat;
2. wer die letzten vier Jahre Mitglied des Vorstandes gewesen ist, für die nächsten vier Jahre.

Das freiwillige Ausscheiden eines Mitgliedes bedarf der Zustimmung des Vorstandes.

§ 46.

e. Verteilung der Vorstandsämter.

Der Vorstand wählt aus seiner Mitte einen Vorsitzenden, einen stellvertretenden Vorsitzenden, einen Schriftführer und einen stellvertretenden Schriftführer.

§ 47.

f. Anzeige des Wahlergebnisses.

Das Ergebnis der Wahlen wird der Landesjustizverwaltung und dem Oberlandesgericht angezeigt.[6]

6. Die früher hier vorgeschriebene Bekanntmachung durch den Deutschen Reichsanzeiger ist durch Nr. 2 des Gesetzes v. 9. Juli 1923 (RGBl. I S. 647) beseitigt.

§ 48.

Aufgaben der Kammer.

Der Kammer liegt ob:

1. die Feststellung der Geschäftsordnung für die Kammer und den Vorstand;
2. die Bewilligung der Mittel zur Bestreitung des für die gemeinschaftlichen Angelegenheiten erforderlichen Aufwandes und die Bestimmung des Beitrages der Mitglieder[7],
3. die Prüfung und Abnahme der seitens des Vorstandes zu legenden Rechnung.

7. Vgl. wegen der Erhebung von Sonderbeiträgen Kap. I § 16 des 6. Teiles der Dritten NotVO. v. 6. Oktober 1931 (RGBl. I S. 537/564):

(1) Die Anwaltskammern können auf Grund eines Beschlusses ihres Vorstandes von ihren Mitgliedern außer den im § 48 Nr. 2 der Rechtsanwaltsordnung bestimmten Beiträgen Sonderbeiträge zur Unterstützung notleidender Mitglieder, früherer Mitglieder und deren Hinterbliebener erheben. Der Beschluß bedarf der Genehmigung der Landes-

justizverwaltung. § 58 b der Rechtsanwaltsordnung gilt entsprechend.

(2) Soweit die Beiträge von den den Armenanwälten aus der Staatskasse zustehenden Gebühren zu leisten sind, kann die Landesjustizverwaltung bestimmen, daß die Beiträge unmittelbar an die Anwaltskammer abgeführt werden.

§ 49.

Aufgaben des Vorstandes.

Der Vorstand hat

1. die Aufsicht über die Erfüllung der den Mitgliedern der Kammer obliegenden Pflichten zu üben und die ehrengerichtliche Strafgewalt zu handhaben;
2. Streitigkeiten unter den Mitgliedern der Kammer auf Antrag zu vermitteln;
3. Streitigkeiten aus dem Auftragsverhältnisse zwischen einem Mitgliede der Kammer und dem Auftraggeber auf Antrag des letzteren zu vermitteln;
4. Gutachten, welche von der Landesjustizverwaltung, sowie solche, welche in Streitigkeiten zwischen einem Mitgliede der Kammer und seinem Auftraggeber von den Gerichten erfordert werden, zu erstatten;
5. das Vermögen der Kammer zu verwalten und derselben über die Verwaltung jährlich Rechnung zu legen.

Der Vorstand kann die in Nr. 1 bezeichnete Aufsicht und die in Nr. 2, 3 bezeichneten Geschäfte einzelnen seiner Mitglieder übertragen. Die Erteilung einer Rüge oder Mißbilligung bleibt jedoch dem Vorstande vorbehalten[8].

8. Die Fassung des Abs. 2 beruht auf Kap. XIII Art. I Nr. 1 der NotVO. v. 18. März 1933 (RGBl. I S. 109/119).

§ 50.

Eingaben an die Justizverwaltung.

Der Vorstand sowie die Kammer ist berechtigt, Vorstellungen und Anträge, welche das Interesse der Rechtspflege oder der Rechtsanwaltschaft betreffen, an die Landesjustizverwaltung zu richten.

§ 51.

Unentgeltliche Geschäftsführung. Auslagenerstattung.

Die Geschäfte des Vorstandes werden von den Mitgliedern unentgeltlich geführt; bare Auslagen werden ihnen erstattet.

§ 52.

Einberufung des Vorstandes und der Kammer. Vorsitz.

Der Vorsitzende beruft die Versammlungen der Kammer und des Vorstandes und führt in beiden den Vorsitz.

Die Berufung der Kammer muß erfolgen, wenn zehn Mitglieder derselben, die Berufung des Vorstandes, wenn zwei Mitglieder desselben unter Angabe des zu verhandelnden Gegenstandes schriftlich darauf antragen. Durch die Geschäftsordnung kann die Zahl der Mitglieder, auf deren Antrag die Berufung der Kammer erfolgen muß, erhöht werden. Die Kammer kann auf Beschluß des Vorstandes an jeden innerhalb des Oberlandesgerichtsbezirks belegenen Ort, welcher der Sitz eines Landgerichts ist, berufen werden.

§ 53.

Form der Einberufung.

Die Versammlungen der Kammer werden mittels öffentlicher Bekanntmachung in den durch die Geschäftsordnung bestimmten Blättern oder mittels schriftlicher Einladung der Mitglieder berufen. Die Berufung des Vorstandes erfolgt mittels schriftlicher Einladung.

Die öffentliche Bekanntmachung muß spätestens am fünften Tage vor der Versammlung erfolgen.

Die schriftliche Einladung von Mitgliedern, welche nicht am Sitze der Kammer wohnen, gilt als bewirkt, wenn das Einladungsschreiben spätestens am fünften Tage vor der Versammlung eingeschrieben zur Post gegeben ist.

Bei der Berufung der Kammer muß der Gegenstand, über welchen in der Versammlung ein Beschluß gefaßt werden soll, bekannt gemacht werden. Über andere Gegenstände, mit Ausnahme des Antrags auf abermalige Berufung der Kammer, darf ein Beschluß nicht gefaßt werden.

§ 54.

Abstimmung des Vorstandes und der Kammer.

Die Beschlüsse der Kammer und des Vorstandes werden nach absoluter Stimmenmehrheit gefaßt. Das Gleiche gilt für die Wahlen.

Im Falle der Stimmengleichheit entscheidet die Stimme des Vorsitzenden, bei Wahlen das Los.

Die bei einer Angelegenheit beteiligten Mitglieder sind von der Beschlußfassung über dieselbe ausgeschlossen.

§ 55.

Beschlußfähigkeit und Abstimmung des Vorstandes.

Zur Beschlußfähigkeit des Vorstandes ist die Teilnahme der Mehrheit der Mitglieder erforderlich.

Die Beschlüsse des Vorstandes können mittels schriftlicher Abstimmung gefaßt werden, sofern nicht ein Mitglied mündliche Abstimmung verlangt.

§ 56.

Niederschriften über Vorstandssitzung und Kammerversammlung.

Über die in einer Versammlung gefaßten Beschlüsse und die Ergebnisse der Wahlen ist ein Protokoll aufzunehmen, welches von dem Vorsitzenden und dem Schriftführer zu unterzeichnen ist.

§ 57.

Aufgaben des Vorsitzenden und des Schriftführers.

Der Vorsitzende hat den geschäftlichen Verkehr der Kammer und des Vorstandes zu vermitteln, die Beschlüsse derselben zur Ausführung zu bringen und die Urkunden im Namen derselben zu vollziehen.

Die Kassengeschäfte liegen dem Schritführer ob; er ist zur Empfangnahme von Geld berechtigt und vertritt die Kammer in Prozessen.

§ 58.

Zwangsgewalt des Vorstandes.

Die Mitglieder der Kammer haben auf die in Gemäßheit des § 49 Abs. 1 Nr. 1 bis 3 und Abs. 2 ergehenden Ladungen zu erscheinen, die verlangten Aufschlüsse zu erteilen und den zu diesem Zwecke erlassenen Anordnungen Folge zu leisten.

Zur Erzwingung einer solchen Anordnung können Geldstrafen bis zum Gesamtbetrage von eintausend Reichsmark[9] festgesetzt werden. Der Festsetzung einer Strafe muß deren schriftliche Androhung vorangehen.

Gegen die Anordnungen oder Straffestsetzungen eines beauftragten Mitgliedes des Vorstandes findet Beschwerde an den Vorstand statt.

9. Ursprünglich 300 Mk.; nach mehrfachen Änderungen in der Zeit der Geldentwertung ist der Betrag durch Art. III Abs. 1 der VO. über Vermögensstrafen und Bußen v. 6. Februar 1924 (RGBl. I S. 44) in Verbindg. mit § 2 der 2. VO. zur Durchführung des Münzgesetzes v. 12. Dezember 1924 (RGBl. I S. 775) auf 1000 RM. festgesetzt.

§ 58a.

Abteilungen des Vorstandes.

Die Geschäftsordnung kann zulassen, daß innerhalb des Vorstandes mehrere Abteilungen zur selbständigen Führung von Vorstandsgeschäften gebildet werden.

Jeder Abteilung müssen mindestens neun Mitglieder angehören.

Vor Beginn des Geschäftsjahrs setzt der Vorstand die Zahl der Abteilungen und ihrer Mitglieder fest, verteilt die Geschäfte unter die Abteilungen, soweit er sie nicht dem Gesamtvorstande vorbehält, bestimmt die Mitglieder jeder Abteilung und wählt aus diesen je einen Abteilungsvorsitzenden und einen Abteilungsschriftführer sowie deren Stellvertreter. Jedes Mitglied kann mehreren Abteilungen gleichzeitig angehören. Die Vorschrift des § 62 (jetzt 63) Abs. 2 des Gerichtsverfassungsgesetzes findet entsprechende Anwendung.

Der Vorstand kann die Abteilungen ermächtigen, ihre Sitzungen an einem anderen Orte des Kammerbezirkes als dem Sitze der Kammer abzuhalten.

Die den Vorstand betreffenden Vorschriften des § 49 Abs. 2, des § 52, des § 53 Abs. 1 Satz 2, Abs. 3, der §§ 54 bis 56, des § 57 Abs. 1 und des § 58 finden auf die Abteilungen entsprechende Anwendung.

An Stelle der Abteilung entscheidet der Vorstand, wenn die Abteilung oder der Vorsitzende einer Abteilung oder des Vorstandes es beantragt[10].

10. §§ 58 a, b sind durch Nr. 4 des Gesetzes zur Änderung der Rechtsanwaltsordnung v. 9. Juli 1923 (RGBl. I S. 647) eingefügt.

§ 58 b.

Einziehung der Kammerbeiträge.

Die Einziehung rückständiger Beiträge der Mitglieder erfolgt auf Grund einer von dem Schriftführer des Vorstandes ausgestellten, mit der Bescheinigung der Vollstreckbarkeit versehenen Zahlungsaufforderung nach den Vorschriften über die Vollstreckung der Urteile in bürgerlichen Rechtsstreitigkeiten[10].

§ 59.

Aufsicht über Vorstand und Kammer.

Die Aufsicht über den Geschäftsbetrieb des Vorstandes steht dem Präsidenten des Oberlandesgerichts zu. Derselbe entscheidet über Beschwerden, welche den Geschäftsbetrieb des Vorstandes betreffen. Für die Aufsicht und die Beschwerden sind die landesgesetzlichen Vorschriften maßgebend, welche die Aufsicht und die Beschwerden über den Geschäftsbetrieb der Gerichte regeln.

Gesetzwidrige Beschlüsse oder Wahlen der Kammer oder des Vorstandes können von dem Oberlandesgericht aufgehoben werden.

§ 60.

Gebühren- und Stempelfreiheit.

Die Verhandlungen und Erlasse der Kammer und des Vorstandes, sowie die an dieselben gerichteten Erlasse und Eingaben sind, soweit dieselben nicht eine Beurkundung von Rechtsgeschäften enthalten, frei von Gebühren und Stempeln.

§ 61.

Tätigkeitsbericht.

Der Vorsitzende hat jährlich der Landesjustizverwaltung und dem Oberlandesgericht einen schriftlichen Bericht über die Tätigkeit der Kammer und des Vorstandes zu erstatten.

§ 61a.

Reichs-Rechtsanwaltskammer.

Zur Förderung der Interessen der Rechtsanwaltschaft wird eine Reichs-Rechtsanwaltskammer errichtet. Ihre besondere Aufgabe ist, eine ständige Verbindung unter den Vorständen der Anwaltskammern, deren Zuständigkeit unberührt bleibt, herzustellen. Sie ist verpflichtet, Gutachten, die von einer der an der Gesetzgebung des Reichs beteiligten Körperschaften oder ihren Ausschüssen, von einer obersten Reichsbehörde oder dem Ehrengerichtshof erfordert werden, zu erstatten.

Die Reichs-Rechtsanwaltskammer ist rechtsfähig; sie hat ihren Sitz in Berlin. Sie wird gerichtlich und außergerichtlich durch ihren Vorstand vertreten.

Über die Zusammensetzung der Reichs-Rechtsanwaltskammer sowie über ihre Einrichtungen, insbesondere die Kammerversammlung und den Vorstand, trifft die Satzung die erforderlichen Bestimmungen. Die Satzung und ihre Änderungen bedürfen eines Beschlusses der Kammerversammlung sowie der Genehmigung des Reichsministers der Justiz; sie werden im Reichsanzeiger bekanntgemacht.

Die Reichs-Rechtsanwaltskammer ist befugt, zur Deckung ihrer Unkosten von den Anwaltskammern Beiträge im Verhältnis der Zahl der ihnen angehörenden Rechtsanwälte zu erheben[11].

11. § 61a ist durch die NotVO. v. 18. März 1933 (RGBl. I S. 109/120) Kap. XIII Art. I Nr. 2 eingefügt. Über die Aufstellung der ersten Satzung und die Errichtung der Kammer bestimmt Art. II daselbst:

Die erste Satzung der Reichs-Rechtsanwaltskammer wird gemeinsam von dem Vorstand der Vereinigung der Vorstände der Deutschen Anwaltskammern und dem Vorstand des Deutschen Anwaltsvereins beschlossen. Mit der Bekanntmachung der genehmigten Satzung im Reichsanzeiger gilt die Reichs-Rechtsanwaltskammer als errichtet. Bis zur ersten Vorstandswahl werden die Geschäfte der Reichs-Rechtsanwaltskammer durch den Vorstand der Vereinigung der Vorstände der Deutschen Anwaltskammern geführt; er hat alsbald die Wahl der

Mitglieder zu veranlassen und die erste Kammerversammlung einzuberufen.

Die Satzung ist unten S. 70 abgedruckt.

Vierter Abschnitt.

Ehrengerichtliches Verfahren.

§ 62.

Ehrengerichtlich strafbare Handlungen.

Ein Rechtsanwalt, welcher die ihm obliegenden Pflichten (§ 28) verletzt, hat die ehrengerichtliche Bestrafung verwirkt.

§ 63.

Strafen.

Die ehrengerichtlichen Strafen sind:

1. Warnung;
2. Verweis;
3. Geldstrafe bis zu fünftausend Reichsmark[1];
4. Ausschließung von der Rechtsanwaltschaft.

Geldstrafe kann mit Verweis verbunden werden.

1. Diesen Betrag hat Kap. XIII Art. I Nr. 3 der VO. v. 18. September 1933 (RGBl. I S. 109/120) an Stelle des früheren Betrages von 1000 RM. gesetzt.

§ 64.

Vor der Zulassung begangene Handlungen.

Wegen Handlungen, welche ein Rechtsanwalt vor seiner Zulassung begangen hat, ist ein ehrengerichtliches Verfahren nur dann zulässig, wenn jene Handlungen die Ausschließung von der Rechtsanwaltschaft begründen.

§ 65.

Ehrengerichtliches und ordentliches Strafverfahren.

Ist gegen einen Rechtsanwalt wegen einer strafbaren Handlung die öffentliche Klage erhoben, so ist während der Dauer des Strafverfahrens ein wegen derselben Tatsachen eingeleitetes ehrengerichtliches Verfahren auszusetzen. Die Aussetzung steht dem Erlaß eines Vertretungsverbots gemäß § 91a nicht entgegen[2].

Ist im Strafverfahren auf Freisprechung erkannt, so findet wegen derjenigen Tatsachen, welche in diesem zur Erörterung gekommen sind, ein ehrengerichtliches Verfahren nur insofern statt, als dieselben an sich und unabhängig von dem Tatbestand einer im Strafgesetze vorgesehenen Handlung die ehrengerichtliche Bestrafung begründen.

Ist im Strafverfahren eine Verurteilung ergangen, welche die Unfähigkeit zur Ausübung der Rechtsanwaltschaft nicht zur Folge hat, so beschließt das Ehrengericht, ob außerdem das ehrengerichtliche Verfahren zu eröffnen oder fortzusetzen sei.

Kann im Strafverfahren eine Hauptverhandlung nicht stattfinden, weil der Angeklagte abwesend ist, so findet die Vorschrift des Absatzes 1 keine Anwendung.

2. Abs. 1 ist in der Fassung der NotVO. v. 18. März 1933 (RGBl. I S. 120) Kap. XIII Art. I Nr. 4 abgedruckt.

§ 66.

Anzuwendende Vorschriften des GVG. und der StPO.

Insoweit nicht aus den nachfolgenden Bestimmungen Abweichungen sich ergeben, finden auf das ehrengerichtliche Verfahren die Vorschriften der Strafprozeßordnung über das Verfahren in den zur Zuständigkeit der Landgerichte gehörigen Strafsachen und die Vorschriften der §§ 156 Nr. II, 177, 186 bis 200 (*jetzt §§ 155 Nr. II, 176, 184 bis 198*)[3] des Gerichtsverfassungsgesetzes entsprechende Anwendung.

3. Diese Vorschriften lauten:

§ 155. Der Gerichtsvollzieher ist von der Ausübung seines Amts kraft Gesetzes ausgeschlossen:

I. in bürgerlichen Rechtsstreitigkeiten:

1. wenn er selbst Partei oder gesetzlicher Vertreter einer Partei ist, oder zu einer Partei in dem Verhältnis eines Mitberechtigten, Mitverpflichteten oder Schadensersatzpflichtigen steht;
2. wenn sein Ehegatte Partei ist, auch wenn die Ehe nicht mehr besteht;
3. wenn eine Person Partei ist, mit welcher er in gerader Linie verwandt, verschwägert oder durch Annahme an Kindes Statt verbunden, in der Seitenlinie bis zum dritten Grade verwandt oder bis zum zweiten Grade verschwägert ist, auch wenn die Ehe, durch welche die Schwägerschaft begründet ist, nicht mehr besteht;

II. in Strafsachen:

1. wenn er selbst durch die strafbare Handlung verletzt ist;
2. wenn er der Ehegatte des Beschuldigten oder Verletzten ist oder gewesen ist;
3. wenn er mit dem Beschuldigten oder Verletzten in dem vorstehend unter Nr. I 3 bezeichneten Verwandtschafts- oder Schwägerschaftsverhältnisse steht.

§ 176. Die Aufrechterhaltung der Ordnung in der Sitzung liegt dem Vorsitzenden ob.

§ 184. Die Gerichtssprache ist deutsch.

§ 185. Wird unter Beteiligung von Personen verhandelt, welche der deutschen Sprache nicht mächtig sind, so ist ein Dolmetscher zuzuziehen. Die Führung eines Nebenprotokolls in der fremden Sprache findet nicht statt; jedoch sollen Aussagen und Erklärungen in fremder Sprache, wenn und soweit der Richter dies mit Rücksicht auf die Wichtigkeit der Sache für erforderlich erachtet, auch in der fremden Sprache in das Protokoll oder in eine Anlage niedergeschrieben werden. In den dazu geeigneten Fällen soll dem Protokoll eine durch den Dolmetscher zu beglaubigende Übersetzung beigefügt werden.

Die Zuziehung eines Dolmetschers kann unterbleiben, wenn die beteiligten Personen sämtlich der fremden Sprache mächtig sind.

§ 186. Zur Verhandlung mit tauben oder stummen Personen ist, sofern nicht eine schriftliche Verständigung erfolgt, eine Person als Dolmetscher zuzuziehen, mit deren Hilfe die Verständigung in anderer Weise erfolgen kann.

§ 187. Ob einer Partei, welche taub ist, bei der mündlichen Verhandlung der Vortrag zu gestatten sei, bleibt dem Ermessen des Gerichts überlassen.

Dasselbe gilt in Anwaltsprozessen von einer Partei, die der deutschen Sprache nicht mächtig ist.

§ 188. Personen, welche der deutschen Sprache nicht mächtig sind, leisten Eide in der ihnen geläufigen Sprache.

§ 189. Der Dolmetscher hat einen Eid dahin zu leisten: daß er treu und gewissenhaft übertragen werde.

Ist der Dolmetscher für Übertragungen der betreffenden Art im allgemeinen beeidigt, so genügt die Berufung auf den geleisteten Eid.

§ 190. Der Dienst des Dolmetschers kann von dem Urkundsbeamten der Geschäftsstelle wahrgenommen werden. Einer besonderen Beeidigung bedarf es nicht.

§ 191. Auf den Dolmetscher finden die Bestimmungen über Ausschließung und Ablehnung der Sachverständigen entsprechende Anwendung. Die Entscheidung erfolgt durch das Gericht oder den Richter, von welchem der Dolmetscher zugezogen ist.

§ 192. Bei Entscheidungen dürfen Richter nur in der gesetzlich bestimmten Anzahl mitwirken.

Bei Verhandlungen von längerer Dauer kann der Vorsitzende die Zuziehung von Ergänzungsrichtern anordnen, welche der Verhandlung beizuwohnen und im Falle der Verhinderung eines Richters für ihn einzutreten haben.

Die vorstehenden Bestimmungen finden auch auf Schöffen und Geschworene Anwendung.

§ 193. Bei der Beratung und Abstimmung dürfen außer den zur Entscheidung berufenen Richtern nur die bei demselben Gerichte zu ihrer juristischen Ausbildung beschäftigten Personen zugegen sein, soweit der Vorsitzende deren Anwesenheit gestattet.

§ 194. Der Vorsitzende leitet die Beratung, stellt die Fragen und sammelt die Stimmen.

Meinungsverschiedenheiten über den Gegenstand, die Fassung und die Reihenfolge der Fragen oder über das Ergebnis der Abstimmung entscheidet das Gericht.

§ 195. Kein Richter, Schöffe oder Geschworener darf die Abstimmung über eine Frage verweigern, weil er bei der Abstimmung über eine vorhergegangene Frage in der Minderheit geblieben ist.

§ 196. Die Entscheidungen erfolgen, soweit das Gesetz nicht ein anderes bestimmt, nach der absoluten Mehrheit der Stimmen.

Bilden sich in Beziehung auf Summen, über welche zu entscheiden ist, mehr als zwei Meinungen, deren keine die Mehrheit für sich hat, so werden die für die größte Summe abgegebenen Stimmen den für die zunächst geringere abgegebenen so lange hinzugerechnet, bis sich eine Mehrheit ergibt.

Bilden sich in einer Strafsache, von der Schuldfrage abgesehen, mehr als zwei Meinungen, deren keine die erforderliche Mehrheit für sich hat, so werden die dem Beschuldigten nachteiligsten Stimmen den zunächst minder nachteiligen so lange hinzugerechnet, bis sich die erforderliche Mehrheit ergibt. Bilden sich in der Straffrage zwei Meinungen, ohne daß eine die erforderliche Mehrheit für sich hat, so gilt die mildere Meinung. Ergibt sich in dem mit zwei Richtern und zwei Schöffen besetzten Schöffengerichte, von der Schuld- und Straffrage abgesehen, Stimmengleichheit, so gibt die Stimme des Vorsitzenden den Ausschlag.

§ 197. Die Richter stimmen nach dem Dienstalter, bei gleichem Dienstalter nach dem Lebensalter, Handelsrichter, Schöffen und Geschworene nach dem Lebensalter; der jüngere stimmt vor dem älteren. Die Schöffen und Geschworenen stimmen vor den Richtern. Wenn ein Berichterstatter ernannt ist, so stimmt er zuerst. Zuletzt stimmt der Vorsitzende.

§ 198. Schöffen und Geschworene sind verpflichtet, über den Hergang bei der Beratung und Abstimmung Stillschweigen zu beobachten.

§ 67.

Ehrengericht.

Der Vorstand[4] entscheidet im ehrengerichtlichen Verfahren als Ehrengericht in der Besetzung von fünf Mitgliedern. Das Ehrengericht besteht aus dem Vorsitzenden des Vorstandes, dem stellvertretenden Vorsitzenden und weiteren ordentlichen Mitgliedern, die der Vorstand aus seiner Mitte bestimmt. Der Vorstand bestimmt ferner die Reihenfolge, in der die übrigen Mitglieder des Vorstandes als Stellvertreter zu berufen sind. Ist der Vorsitzende des Vorstandes durch Zugehörigkeit zum Ehrengerichtshof an dem Vorsitz im Ehrengericht behindert, so ist Vorsitzender des Ehrengerichts der stellvertretende Vorsitzende des Vorstandes; ist dieser aus dem gleichen Grunde behindert, so wird der Vorsitzende des Ehrengerichts von dem Vorstande bestimmt.

Die Geschäftsordnung kann zulassen, daß bei dem Ehrengericht mehrere Abteilungen gebildet werden. In diesem Falle sind Vorsitzende der Abteilungen der Vorsitzende des Vorstandes, der stellvertretende Vorsitzende und, wenn mehr als zwei Abteilungen gebildet sind, weitere vom Vorstande zu Vorsitzenden bestimmte Mitglieder. Im übrigen gelten die Vorschriften des Abs. 1 entsprechend.

Die Geschäfte verteilt der Vorstand. Die Vorschriften des § 63 des Gerichtsverfassungsgesetzes[5] gelten dabei entsprechend.

4. Die Fassung des § 67 beruht auf Art. 1 Nr. 1 des Gesetzes zur Änderung der Vorschriften über die Ehrengerichtsbarkeit der Rechtsanwaltschaft v. 28. März 1934 (RGBl. I S. 252).

5. Diese Vorschrift lautet:

§ 63. Vor Beginn des Geschäftsjahres werden auf seine Dauer die Geschäfte unter die Kammern derselben Art verteilt und die Vorsitzenden und die ständigen Mitglieder der einzelnen Kammern sowie für den Fall der Verhinderung von Mitgliedern die regelmäßigen Vertreter bestimmt. Jeder Richter kann zum Mitgliede mehrerer Kammern bestimmt werden.

Die getroffene Anordnung kann im Laufe des Geschäftsjahre nur geändert werden, wenn dies wegen Überlastung einer Kammer oder infolge Wechsels oder dauernder Behinderung einzelner Mitglieder des Gerichts erforderlich wird.

§ 68.

Zuständigkeit.

Zuständig ist das Ehrengericht der Kammer, welcher der Angeschuldigte zur Zeit der Erhebung der Klage angehört.

§ 69.

Voruntersuchung.

Der Antrag auf Eröffnung der Voruntersuchung kann von dem Ehrengerichte sowohl aus rechtlichen, als aus tatsächlichen Gründen abgelehnt werden.

Gegen den ablehnenden Beschluß steht der Staatsanwaltschaft die sofortige Beschwerde zu.

Gegen den die Voruntersuchung eröffnenden Beschluß steht dem Angeschuldigten die Beschwerde nur wegen Unzuständigkeit des Ehrengerichts zu.

§ 70.

Verfahren ohne Voruntersuchung.

Das Ehrengericht kann beschließen, daß ohne Voruntersuchung das Hauptverfahren zu eröffnen sei. Beschwerde findet nicht statt.

§ 71.

Bestimmung des Untersuchungsrichters.

Mit der Führung der Voruntersuchung wird ein Richter durch den Präsidenten des Oberlandesgerichts beauftragt.

§ 72.

Verhaftung, vorläufige Festnahme und Vorführung unzulässig.

Die Verhaftung und vorläufige Festnahme sowie die Vorführung des Angeschuldigten ist unzulässig.

§ 73.

Vereidigung von Zeugen und Sachverständigen in der Voruntersuchung.

Die Beeidigung von Zeugen und Sachverständigen kann in der Voruntersuchung erfolgen, auch wenn die Voraussetzungen des § 65 Abs. 2 und des § 222 (*jetzt §§ 66, 223*) der Strafprozeßordnung[6] nicht vorliegen.

6. Diese Vorschriften sind in Art. I des Gesetzes zur Einschränkung der Eide im Strafverfahren v. 24. November 1933 (RGBl. I S. 1008) neu gefaßt.

§ 74.

Ergänzung der Voruntersuchung.

Beantragt die Staatsanwaltschaft eine Ergänzung der Voruntersuchung, so hat der Untersuchungsrichter, wenn er dem Antrage nicht stattgeben will, die Entscheidung des Ehrengerichts einzuholen.

§ 75.

Mitteilung der Ergebnisse der Voruntersuchung.

Nach geschlossener Voruntersuchung sind dem Angeschuldigten auf seinen Antrag die Ergebnisse des bisherigen Verfahrens mitzuteilen.

§ 76.

Inhalt der Anklageschrift.

Die Anklageschrift hat die dem Angeschuldigten zur Last gelegte Pflichtverletzung durch Angabe der sie begründenden Tatsachen zu bezeichnen und, soweit in der Hauptverhandlung Beweise erhoben werden sollen, die Beweismittel anzugeben.

§ 77.

Wiederaufnahme des Verfahrens gegen außer Verfolgung gesetzte Angeschuldigte.

Ist der Angeschuldigte außer Verfolgung gesetzt, so kann die Klage nur während eines Zeitraums von fünf Jahren, vom Tage des Beschlusses ab, und nur auf Grund neuer Tatsachen oder Beweismittel wieder aufgenommen werden.

§ 78.

Inhalt des Eröffnungsbeschlusses.

In dem Beschlusse, durch welchen das Hauptverfahren eröffnet wird, ist die dem Angeklagten zur

Last gelegte Pflichtverletzung durch Angabe der sie begründenden Tatsachen zu bezeichnen.

§ 79.

Mitteilung der Anklageschrift.

Die Mitteilung der Anklageschrift erfolgt mit der Ladung zur Hauptverhandlung.

§ 80.

Mitwirkung der Eröffnungsrichter am Hauptverfahren.

Die Mitglieder des Vorstandes, welche bei der Entscheidung über die Eröffnung des Hauptverfahrens mitgewirkt haben, sind von der Teilnahme an dem Hauptverfahren nicht ausgeschlossen.

§ 81.

Niederschrift über die Hauptverhandlung.

In der Hauptverhandlung ist als Protokollführer[7] ein dem Vorstande nicht angehörender, am Sitze der Kammer wohnhafter Rechtsanwalt von dem Vorsitzenden zuzuziehen.

7. Fassung des Art. 8 der VO. v. 30. November 1927 (RGBl. I S. 334).

§ 82.

Nichtöffentliche Hauptverhandlung. Zuhörer.

Die Hauptverhandlung ist nicht öffentlich. Die Mitglieder der Kammer sind als Zuhörer zuzulassen, andere Personen nur auf Antrag des Angeklagten nach dem Ermessen des Vorsitzenden.

§ 83.

Abwesenheit des Angeklagten.

Die Hauptverhandlung kann auch ohne Anwesenheit des Angeklagten stattfinden, sofern er zu derselben geladen ist, auch wenn er im Sinne des § 318 (*jetzt § 276*) der Strafprozeßordnung[8] als abwesend gilt. Eine öffentliche Ladung ist unzulässig.

Das Ehrengericht kann das persönliche Erscheinen des Angeklagten unter der Verwarnung anordnen, daß bei seinem Ausbleiben ein Vertreter nicht werde zugelassen werden.

8. Die angezogene Vorschrift lautet:

§ 276. Ein Beschuldigter gilt als abwesend, wenn sein Aufenthalt unbekannt ist oder wenn er sich im Ausland aufhält und seine Gestellung vor das zuständige Gericht nicht ausführbar oder nicht angemessen erscheint.

§ 84.

Gang der Hauptverhandlung.

In der Hauptverhandlung hält nach Verlesung des Beschlusses über die Eröffnung des Hauptverfahrens ein Berichterstatter in Abwesenheit der Zeugen einen Vortrag über die Ergebnisse des bisherigen Verfahrens, soweit dieselben sich auf die in dem Beschlusse über die Eröffnung des Hauptverfahrens enthaltenen Tatsachen beziehen.

§ 85.

Umfang der Beweisaufnahme.

Das Ehrengericht bestimmt den Umfang der Beweisaufnahme, ohne hierbei durch Anträge, Verzichte oder frühere Beschlüsse gebunden zu sein.

§ 86.

Beweiserhebung durch ersuchte Richter.

Das Ehrengericht kann nach freiem Ermessen die Vernehmung von Zeugen oder Sachverständigen durch einen ersuchten Richter oder in der Hauptverhandlung anordnen.

Auf das Ersuchen finden die §§ 158 bis 160, 166 *(jetzt §§ 157 bis 159, 165)*[9] des Gerichtsverfassungsgesetzes entsprechende Anwendung.

Die Vernehmung muß auf Antrag der Staatsanwaltschaft oder des Angeschuldigten in der Hauptverhandlung erfolgen, sofern nicht voraussichtlich der Zeuge oder Sachverständige am Erscheinen in der Hauptverhandlung verhindert oder sein Erscheinen wegen großer Entfernung besonders erschwert sein wird.

9. Diese Vorschriften lauten:

§ 157. Das Ersuchen um Rechtshilfe ist an das Amtsgericht zu richten, in dessen Bezirk die Amtshandlung vorgenommen werden soll.

§ 158. Das Ersuchen darf nicht abgelehnt werden.

Das Ersuchen eines nicht im Instanzenzuge vorgesetzten Gerichts ist jedoch abzulehnen, wenn dem ersuchten Gerichte die örtliche Zuständigkeit mangelt oder die vorzunehmende Handlung nach dem Rechte des ersuchten Gerichts verboten ist.

§ 159. Wird das Ersuchen abgelehnt oder wird der Vorschrift des § 158 Abs. 2 zuwider dem Ersuchen stattgegeben, so entscheidet das Oberlandesgericht, zu dessen Bezirk das ersuchte Gericht gehört. Eine Anfechtung dieser Entscheidung findet nur statt, wenn sie die Rechtshilfe für unzulässig erklärt und das ersuchende und das ersuchte Gericht den Bezirken verschiedener Oberlandesgerichte angehören. Über die Beschwerde entscheidet das Reichsgericht.

Die Entscheidungen erfolgen auf Antrag der Beteiligten oder des ersuchenden Gerichts ohne vorgängige mündliche Verhandlung.

§ 160. Die Herbeiführung der zum Zwecke von Vollstreckungen, Ladungen und Zustellungen erforderlichen Handlungen erfolgt nach Vorschrift der Prozeßordnungen ohne Rücksicht darauf, ob die Handlungen in dem Lande, welchem das Prozeßgericht angehört, oder in einem anderen deutschen Lande vorzunehmen sind.

§ 165. Für die Höhe der den geladenen Zeugen und

Sachverständigen gebührenden Beträge sind die Bestimmungen maßgebend, welche bei dem Gerichte gelten, vor welches die Ladung erfolgt.

Sind die Beträge nach dem Rechte des Aufenthaltsorts der geladenen Personen höher, so können die höheren Beträge gefordert werden.

Bei weiterer Entfernung des Aufenthaltsorts der geladenen Personen ist ihnen auf Antrag ein Vorschuß zu bewilligen.

Zu § 157 s. auch § 4, 9. Teil der NotVO. v. 1. Dezember 1930 (RGBl. I S. 517/604):

Durch Anordnung der Landesjustizverwaltung können die Rechtshilfeersuchen (§ 157 des Gerichtsverfassungsgesetzes) für die Bezirke mehrerer Amtsgerichte einem von ihnen ganz oder zum Teil zur Erledigung zugewiesen werden. Ergeht eine derartige Anordnung, so gilt insoweit der Bezirk des letzteren Amtsgerichts als die Bezirke der übrigen Amtsgerichte mitumfassend. Die Anordnung ist auch zulässig, wenn die mehreren Amtsgerichte nicht im Bezirke desselben Landgerichts gelegen sind.

§ 87.

Zwangsmaßregeln und Strafen gegen Zeugen und Sachverständige.

Die Verhängung von Zwangsmaßregeln, sowie die Festsetzung von Strafen gegen Zeugen und Sachverständige, welche in der Hauptverhandlung ausbleiben oder ihre Aussage oder deren Beeidigung verweigern, erfolgt auf Ersuchen durch das Amtsgericht, in dessen Bezirke dieselben ihren Wohnsitz und in Ermangelung eines solchen ihren Aufenthalt haben.

§ 88.

Verlesung von Aussagen.

Die Aussage eines außerhalb der Hauptverhandlung vernommenen Zeugen oder Sachverständigen, dessen Vernehmung nicht in der Hauptverhandlung erfolgen muß, ist, sofern es die Staatsanwaltschaft oder der Angeklagte beantragt oder das Ehrengericht es für erforderlich erachtet, zu verlesen.

§ 89.

Beschwerdegericht.

Für die Verhandlung und Entscheidung über das Rechtsmittel der Beschwerde ist das Oberlandesgericht zuständig.

§ 90.

Berufung. Ehrengerichtshof.

Gegen Urteile[10] des Ehrengerichts ist die Berufung an den Ehrengerichtshof zulässig.

Der Ehrengerichtshof wird bei der Reichs-Rechtsanwaltskammer gebildet. Er besteht aus Mitgliedern der Reichs-Rechtsanwaltskammer und des Reichsgerichts. Die anwaltlichen Mitglieder werden von dem Präsidium der Reichs-Rechtsanwaltskammer, die richterlichen Mitglieder von dem Präsidium des Reichsgerichts für je ein Geschäftsjahr bestimmt. Die anwaltlichen Mitglieder können nicht gleichzeitig einem Ehrengericht als ordentliche oder stellvertretende Mitglieder angehören.

Die Zahl der Senate bestimmt der Reichsminister der Justiz nach Anhörung des Präsidiums der Reichs-Rechtsanwaltskammer.

Jeder Senat entscheidet in der Besetzung

von vier anwaltlichen und drei richterlichen Mitgliedern.

Den Vorsitz in den Senaten führen der Präsident der Reichs-Rechtsanwaltskammer und die vom Präsidium der Reichs-Rechtsanwaltskammer zu Vorsitzenden bestellten anwaltlichen Mitglieder als Senatspräsidenten.

Die Geschäfte verteilt das Präsidium der Reichs-Rechtsanwaltskammer. Die Vorschriften des § 63[11] des Gerichtsverfassungsgesetzes gelten entsprechend. Die Vorsitzenden und die Mitglieder der Senate vertreten sich nach Maßgabe des Geschäftsverteilungsplanes gegenseitig.

10. Die Fassung beruht auf Art. 1 Nr. 2 des Gesetzes zur Änderung der Vorschriften über die Ehrengerichtsbarkeit der Rechtsanwaltschaft v. 28. März 1934 (RGBl. I S. 252), das mit Wirkung v. 1. Mai 1934 den Ehrengerichtshof vom Reichsgericht an die Reichs-Rechtsanwaltskammer verlegt. Art. 2 daselbst bestimmt als Übergangsvorschrift für die in diesem Zeitpunkt anhängigen Verfahren:

> Die am 1. Mai 1934 bei dem bisherigen Ehrengerichtshof anhängigen Berufungen werden von diesem nach Maßgabe der bisherigen Vorschriften erledigt, wenn der Termin zur Hauptverhandlung bereits vor diesem Zeitpunkte bestimmt war. Im übrigen werden die anhängigen Berufungen und Beschwerden an den neuen Ehrengerichtshof abgegeben.

11. § 63 GVG. ist oben Anm. 5 zu § 67 abgedruckt.

§ 91.

Verfahren vor dem Berufungs- und Beschwerdegericht.

Auf das Verfahren in der Beschwerdeinstanz und in der Berufungsinstanz finden die Vorschriften der

Strafprozeßordnung und der §§ 81[12], 82, 83 Abs. 1, §§ 84, 86 bis 88 dieses Gesetzes entsprechende Anwendung.

12. Die Verweisung auf § 81 ist durch Art. 1 Nr. 3 des Gesetzes v. 28. März 1934 (RGBl. I S. 252; s. Anm. 10 zu § 90) eingefügt.

§ 91a.

Vertretungsverbot.

a. Voraussetzungen.

Ist gegen einen Rechtsanwalt im ehrengerichtlichen Verfahren die öffentliche Klage erhoben, so kann gegen ihn durch Beschluß des Ehrengerichts ein Vertretungsverbot verhängt werden, wenn zu erwarten ist, daß gegen ihn auf Ausschließung aus der Rechtsanwaltschaft erkannt werden wird.

Der Beschluß ergeht auf Grund mündlicher Verhandlung. Auf die Ladung und die mündliche Verhandlung finden die Vorschriften über die Hauptverhandlung entsprechende Anwendung, soweit sich nicht aus den folgenden Vorschriften ein anderes ergibt.

In der Ladung ist die dem Rechtsanwalt zur Last gelegte Pflichtverletzung zu bezeichnen, sofern nicht die Anklageschrift ihm bereits mitgeteilt ist. Auf die Ladung findet der § 40 der Strafprozeßordnung[13] Anwendung.

In der mündlichen Verhandlung sind die Beteiligten zu hören. Art und Umfang der

Beweisaufnahme bestimmt das Ehrengericht, ohne durch Anträge gebunden zu sein.

Zur Verhängung des Vertretungsverbots ist eine Mehrheit von zwei Dritteilen der Stimmen erforderlich.

Das Ehrengericht kann, wenn es auf Ausschließung aus der Rechtsanwaltschaft erkannt hat, im unmittelbaren Anschluß an die Hauptverhandlung über das Vertretungsverbot verhandeln und entscheiden. Dies gilt auch dann, wenn der Angeschuldigte zu der Hauptverhandlung nicht erschienen ist.

Der Beschluß ist mit Gründen zu versehen und dem Angeschuldigten zuzustellen. Wird das Vertretungsverbot verhängt, so hat der Schriftführer des Vorstandes der Anwaltskammer eine beglaubigte Abschrift der Formel des Beschlusses den Gerichten, die sich am Wohnsitz des Angeschuldigten befinden, den auswärtigen Gerichten, bei denen er zugelassen ist, sowie der Landesjustizverwaltung mitzuteilen[14].

13. Die angezogene Vorschrift lautet:

§ 40. Kann eine Zustellung an einen Beschuldigten, welchem eine Ladung zur Hauptverhandlung noch nicht zugestellt war, nicht in der vorgeschriebenen Weise im Deutschen Reiche bewirkt werden, und erscheint die Befolgung der für Zustellungen im Ausland bestehenden Vorschriften unausführbar oder voraussichtlich erfolglos, so gilt die Zustellung als erfolgt, wenn der Inhalt des zuzustellenden Schriftstücks durch ein deutsches oder ausländisches Blatt bekanntgemacht worden ist und seit dem Erscheinen dieses Blattes zwei Wochen verflossen sind oder wenn das zuzustellende Schriftstück zwei Wochen an der Gerichtstafel des Gerichts erster Instanz angeheftet gewesen ist. Die Auswahl des Blattes steht dem die Zustellung veranlassenden Beamten zu.

War die Ladung zur Hauptverhandlung dem Angeklagten schon vorher zugestellt, so gilt eine weitere Zustellung an ihn, wenn sie nicht in der vorgeschriebenen Weise im Deutschen Reiche bewirkt werden kann, als erfolgt, sobald das zuzustellende Schriftstück zwei Wochen an der Gerichtstafel des Gerichts erster Instanz angeheftet gewesen ist. Von Urteilen und Beschlüssen wird nur der entscheidende Teil angeheftet.

14. Die §§ 91a—e, 93 Abs. 2 sind durch die NotVO. vom 18. März 1933 (RGBl. I S. 109/120) Kap. XIII Art. I Nr. 5, 6 eingefügt.

Wegen des Vertretungsverbotes bis zur Entscheidung, ob eine Zulassung wegen Betätigung des Anwalts in kommunistischem Sinne zurückzunehmen ist, vgl. § 4 Abs. 1 des Anwaltsgesetzes v. 7. April 1933 (RGBl. I S. 188):

Die Justizverwaltung kann gegen einen Rechtsanwalt bis zur Entscheidung darüber, ob von der Befugnis zur Zurücknahme der Zulassung gemäß § 1 Abs. 1 oder § 3 Gebrauch gemacht wird, ein Vertretungsverbot erlassen. Auf das Vertretungsverbot finden die Vorschriften des § 91b Abs. 2 bis 4 der Rechtsanwaltsordnung (Reichsgesetzbl. 1933 I S. 120) entsprechende Anwendung.

§ 3 des Anwaltsgesetzes v. 7. April 1933 ist oben, Anm. 6 zu § 5, abgedruckt.

§ 91b.

b. Wirkungen.

Der Beschluß wird mit der Verkündung wirksam.

Dem Rechtsanwalt, gegen den das Vertretungsverbot verhängt ist, ist verboten, vor einem Gericht, einer sonstigen Behörde oder einem Schiedsgericht in Person aufzutreten, Vollmachten oder Untervollmachten zu erteilen und mit Gerichten, sonstigen Behörden, Schiedsgerichten oder Rechtsanwälten schriftlichen Verkehr zu pflegen. Dies gilt nicht für die Wahrnehmung der eigenen Angelegenheiten des Rechtsanwalts und der Angelegenheiten seiner Ehefrau und seiner minderjährigen Kinder, soweit nicht Anwaltszwang besteht. Die rechtliche Wirksamkeit von Handlungen des Rechtsanwalts wird durch das Vertretungsverbot nicht berührt.

Ein Rechtsanwalt, der dem Vertretungsverbote wissentlich zuwiderhandelt, ist mit der Ausschließung aus der Rechtsanwaltschaft zu bestrafen, sofern nicht nach den besonderen Verhältnissen des Falles eine der im § 63 Nr. 1 bis 3 bezeichneten Strafen als ausreichende Sühne erscheint.

Gerichte und sonstige Behörden sollen einen Rechtsanwalt, der entgegen dem Vertretungsverbote vor ihnen in Person auftritt, zurückweisen.

§ 91 c.

c. Beschwerde.

Gegen die Verhängung des Vertretungsverbots steht dem Rechtsanwalt die sofortige Beschwerde an den Ehrengerichtshof zu. Die Beschwerde hat keine aufschiebende Wirkung. Auf das Verfahren finden die Vorschriften des § 91a Abs. 2, 3 Satz 2, Abs. 4, 5, 7 Satz 1 und, wenn das Vertretungsverbot aufgehoben wird, auch Satz 2 entsprechende Anwendung.

§ 91d.

d. Bestellung eines Vertreters.

Für den Rechtsanwalt, gegen den das Vertretungsverbot verhängt ist, ist im Falle des Bedürfnisses von der Landesjustizverwaltung nach Anhörung des Vorstandes der Anwaltskammer ein Stellvertreter zu bestellen. § 25 Abs. 1, 3 Satz 1 findet Anwendung. Der Rechtsanwalt kann einen geeigneten Vertreter vorschlagen.

Ein Rechtsanwalt, dem die Stellvertretung übertragen wird, darf sie nur aus einem wichtigen Grunde ablehnen. Über die Ablehnung entscheidet der Präsident des Landgerichts, bei dem der zum Stellvertreter bestellte Rechtsanwalt zugelassen ist oder zu dessen Bezirk das Amtsgericht gehört, bei dem er zugelassen ist, und, sofern er ausschließlich bei einem höheren Gerichte zugelassen ist, der Präsident dieses Gerichts; ist der Rechtsanwalt gleichzeitig bei mehreren Landgerichten oder nur bei einem Oberlandesgericht und einem obersten Landesgericht zugelassen, so entscheidet der Präsident des Oberlandesgerichts. Vor der Entscheidung ist der Vorstand der Anwaltskammer zu hören.

Der Stellvertreter führt sein Amt unter eigener Verantwortung und ohne an Weisungen des Vertretenen gebunden zu sein, für dessen Rechnung und auf dessen Kosten. Der Vertretene ist verpflichtet, dem Stellvertreter eine angemessene Vergütung zu zahlen. Auf Verlangen des Stellvertreters oder des Vertretenen ist die Vergütung vom Vorstand der Anwaltskammer festzusetzen. Für die festgesetzte Vergütung haftet die Anwaltskammer wie ein Bürge.

§ 91e.

e. Erledigung des Vertretungsverbotes.

Das Vertretungsverbot tritt außer Kraft, wenn in dem ehrengerichtlichen Verfahren ein nicht auf Ausschließung lautendes Urteil ergeht oder der Angeschuldigte außer Verfolgung gesetzt wird.

Das Vertretungsverbot ist von dem Ehrengericht und, sofern das ehrengerichtliche Verfahren in der Berufungsinstanz schwebt, von dem Ehrengerichtshof aufzuheben, wenn sich herausstellt, daß die Voraussetzungen für seine Verhängung nicht oder nicht mehr vorliegen.

Beantragt der Angeschuldigte die Aufhebung des Vertretungsverbots, so kann das Gericht eine erneute mündliche Verhandlung anordnen. Die Ablehnung des Antrags unterliegt nicht der Beschwerde.

In den Fällen der Abs. 1 und 2 gilt § 91a Abs. 7 Satz 2 entsprechend.

§ 92.

Staatsanwaltschaft.

Die Verrichtungen der Staatsanwaltschaft werden von der Staatsanwaltschaft bei dem Oberlandesgerichte, in der Berufungsinstanz von der Staatsanwaltschaft bei dem Reichsgerichte wahrgenommen.

§ 93.

Ehrengerichtliches Zulassungsverfahren.

Im Falle des § 16 Abs. 2 wird ohne Beschluß über die Eröffnung des Hauptverfahrens zur Hauptverhandlung geschritten.

Zur besseren Aufklärung der Sache kann das Ehrengericht vor der Hauptverhandlung einzelne Beweiserhebungen anordnen; um die Ausführung dieses Beschlusses kann es die Staatsanwaltschaft ersuchen[15].

Das Ehrengericht kann nach Maßgabe des § 86 auch die Vernehmung des Antragstellers vor der Hauptverhandlung anordnen.

Dem Antragsteller sind auf Verlangen die ihm zur Last gelegten Tatsachen sowie die Beweismittel vor der Hauptverhandlung schriftlich anzugeben.

Das Verfahren ist einzustellen, wenn der Antrag auf Entscheidung im ehrengerichtlichen Verfahren zurückgenommen wird; die Kosten trägt in diesem Falle der Antragsteller.

15. Abs. 2 ist durch Kap. XIII Art. I Nr. 6 der NotVO. v. 18. März 1933 (RGBl. I S. 109/121) eingefügt.

§ 94.

Kosten des Verfahrens.

Für das Verfahren werden weder Gebühren noch Stempel, sondern nur bare Auslagen in Ansatz gebracht.

Der Betrag der Kosten ist von dem Vorsitzenden festzustellen. Die Festsetzung ist vollstreckbar.

Kosten, welche weder dem Angeschuldigten noch einem Dritten auferlegt werden oder von dem Verpflichteten nicht eingezogen werden können, fallen der Kammer zur Last. Dieselbe haftet den Zeugen und Sachverständigen für die ihnen zukommende Entschädigung in gleichem Umfange, wie in Strafsachen die Staatskasse. Bei weiterer Entfernung des Aufenthaltsorts der geladenen Personen ist denselben auf Antrag ein Vorschuß zu bewilligen.

Die Hinterlegung der gesetzlichen Entschädigung für Personen, welche von dem Angeklagten unmittelbar geladen sind, erfolgt bei dem Schriftführer des Vorstandes.

§ 95.

Erteilung von Ausfertigungen und Auszügen der Urteile.

Ausfertigungen und Auszüge der Urteile des Ehrengerichts sind von dem Schriftführer des Vorstandes, Ausfertigungen und Auszüge der Urteile des Ehrengerichtshofs von dem Schriftführer der Reichs-Rechtsanwaltskammer zu erteilen[16].

16. Obige Fassung beruht auf Art. 1 Nr. 4 des Gesetzes v. 28. März 1934 (RGBl. I S. 252; s. o. Anm. 11 zu § 90).

§ 96.

Wirksamwerden und Anzeige eines Urteils auf Ausschließung.

Die Ausschließung von der Rechtsanwaltschaft tritt mit der Rechtskraft des Urteils ein. Dieselbe wird von dem Schriftführer des Vorstandes unter Mitteilung einer mit der Bescheinigung der Vollstreckbarkeit versehenen beglaubigten Abschrift der Urteilsformel den Gerichten, bei welchen der Rechtsanwalt zugelassen war, und der Landesjustizverwaltung angezeigt.

§ 97.

Beitreibung von Geldstrafen und Kosten.

Geldstrafen (§§ 58, 63) fließen zur Kasse der Kammer.

Die Vollstreckung der eine Geldstrafe aussprechenden Entscheidung erfolgt auf Grund einer von dem Schriftführer des Vorstandes erteilten, mit der Bescheinigung der Vollstreckbarkeit versehenen beglaubigten Abschrift der Entscheidungsformel nach den Vorschriften über die Vollstreckung der Urteile in bürgerlichen Rechtsstreitigkeiten.

Dasselbe gilt von der Vollstreckung der die Kosten festsetzenden Verfügung.

Die Vollstreckung wird von dem Schriftführer des Vorstandes betrieben.

Fünfter Abschnitt.

Rechtsanwaltschaft bei dem Reichsgerichte.

§ 98.

Anwendbarkeit der allgemeinen Bestimmungen.

Auf die Rechtsanwaltschaft bei dem Reichsgerichte finden, insoweit nicht in den nachfolgenden Paragraphen abweichende Bestimmungen enthalten sind, die Vorschriften der ersten vier Abschnitte dieses Gesetzes mit der Maßgabe Anwendung, daß an die Stelle der Landesjustizverwaltung der Reichskanzler *(jetzt der Reichsminister der Justiz[1])* und an die Stelle des Oberlandesgerichts das Reichsgericht tritt.

1. Dies folgt aus § 5 des Übergangsgesetzes v. 4. März 1919 (RGBl. I S. 285).

§ 99.

Entscheidung über die Zulassung.

Die Zulassung zur Rechtsanwaltschaft und die Zurücknahme der Zulassung bei dem Reichsgericht erfolgt durch das Präsidium des Reichsgerichts. Dasselbe entscheidet über den Antrag auf Zulassung nach freiem Ermessen, jedoch vorbehaltlich der Vorschriften der §§ 1, 5.

§ 100.

Keine Zulassung und kein Auftreten des Reichsgerichtsanwalts bei anderen Gerichten.

Die Zulassung zur Rechtsanwaltschaft bei dem Reichsgericht ist mit der Zulassung bei einem anderen Gericht unvereinbar.

Die bei dem Reichsgerichte zugelassenen Rechtsanwälte dürfen bei einem anderen Gerichte nicht auftreten.

§ 101.

Unübertragbarkeit der Vertretungsbefugnis vor dem Reichsgericht.

Eine Übertragung der dem Prozeßbevollmächtigten zustehenden Vertretung auf einen bei dem Reichsgerichte nicht zugelassenen Rechtsanwalt findet nicht statt.

§ 102.

Anwaltskammer.

Die Anwaltskammer bei dem Reichsgerichte wird durch die bei demselben zugelassenen Rechtsanwälte gebildet[2].

2. Den früheren Abs. 2 des § 102 hat Art. 1 Nr. 2, 5 des Gesetzes v. 28. März 1934 (RGBl. I S. 252; s. o. Anm. 11 zu § 90) in § 90 Abs. 2 Satz 4 übernommen und deshalb hier gestrichen.

Sechster Abschnitt.

Schluß- und Übergangsbestimmungen.

§ 103.

Inkrafttreten.

Dieses Gesetz tritt, vorbehaltlich der Bestimmungen der §§ 112, 113, im ganzen Umfange des Reichs gleichzeitig mit dem Gerichtsverfassungsgesetz[1] in Kraft.

1. Dieses ist am 1. Oktober 1879 in Kraft getreten, vgl. § 1 EG.GVG. (RGBl. 1877 S. 77).

§ 104.

Zulassung beim obersten Landesgericht und bei anderen Gerichten.

Der am Orte eines obersten Landesgerichts[2] wohnhafte Rechtsanwalt kann bei diesem Gerichte zugelassen werden, wenn nach dem Gutachten des letzteren die Zulassung zur ordnungsmäßigen Erledigung der Anwaltsprozesse erforderlich ist.

2. Vgl. hierzu Art. 42 des bayer. AG.GVG. v. 23. Febr. 1879 über die Errichtung eines obersten Landesgerichts in Bayern.

§ 105.

Kammer der Anwälte beim obersten Landesgericht.

Die bei einem obersten Landesgerichte zugelassenen Rechtsanwälte sind Mitglieder der Anwaltskammer, in deren Bezirke das Gericht seinen Sitz hat.

§§ 106—116

(als Übergangsvorschriften heute gegenstandslos).

Satzung
der Reichs-Rechtsanwaltskammer.
(Deutscher Reichsanzeiger 1933 Nr. 150 v. 30. Juni 1933).

Bekanntmachung
über die Reichs-Rechtsanwaltskammer.

Auf Grund der Verordnung des Reichspräsidenten über Maßnahmen auf dem Gebiete der Finanzen, der Wirtschaft und der Rechtspflege vom 18. März 1933 (RGBl. I S. 109) Kapitel XIII Artikel II wird die von dem Vorstande der Vereinigung der Vorstände der Deutschen Anwaltskammern und dem Vorstande des Deutschen Anwaltsvereins beschlossene Satzung der Reichs-Rechtsanwaltskammer genehmigt und nachstehend bekanntgemacht.

Berlin, den 29. Juni 1933.

Der Reichsminister der Justiz.
Dr Gürtner.

Satzung der Reichs-Rechtsanwaltskammer.

1. Die Mitglieder der Reichs-Rechtsanwaltskammer werden von den Vorständen der einzelnen Anwaltskammern gewählt, und zwar wählt jeder Kammervorstand aus seiner Mitte ein Mitglied und einen Stellvertreter.

2. Der Vorstand der Anwaltskammer zu Berlin wählt zwei weitere Mitglieder und für jedes Mitglied einen Stellvertreter.

3. Die Zugehörigkeit zur Reichs-Rechtsanwaltskammer erlischt mit dem Ausscheiden aus dem Kammervorstande.

4. Die Mitglieder der Reichs-Rechtsanwaltskammer und ihre Stellvertreter haben ihre Stimme nach eigener Überzeugung abzugeben. Sie sind an Aufträge und Weisungen nicht gebunden.

5. § 44 Absatz 1 und 2, § 45 Absatz 1, § 51 der Rechtsanwaltsordnung finden auf die Reichs-Rechtsanwaltskammer Anwen-

dung. Das freiwillige Ausscheiden eines von einem Kammervorstand gewählten Mitgliedes bedarf der Zustimmung des Kammervorstandes, der das Mitglied gewählt hat.

6. Die Verwaltungsgeschäfte der Reichs-Rechtsanwaltskammer führt ein Präsidium. Dieses hat die Beschlüsse der Reichs-Rechtsanwaltskammer auszuführen, ihr Vermögen zu verwalten und über die Verwaltung jährlich Rechnung zu legen. In dringenden Fällen ist das Präsidium berechtigt, selbst Beschlüsse zu fassen und auszuführen.

7. Das Präsidium der Reichs-Rechtsanwaltskammer besteht aus einem Präsidenten und 3 bis 5 Beisitzern, die aus den Mitgliedern der Reichs-Rechtsanwaltskammer gewählt werden.

8. Das Präsidium erwählt einen Beisitzer zum Stellvertreter des Präsidenten, einen Beisitzer zum Schrift- und Kassenführer und einen Beisitzer zu dessen Stellvertretung.

9. Die Verbindung der Ämter des Stellvertreters des Präsidenten mit dem Amte des Schrift- und Kassenführers oder mit dem Amte dessen Stellvertreters ist zulässig.

10. Vorstand im Sinne des Bürgerlichen Gesetzbuches und des § 61a Absatz 2 der Rechtsanwaltsordnung ist der Präsident oder sein Stellvertreter. Er beruft und leitet die Versammlungen der Reichs-Rechtsanwaltskammer.

11. Die Reichs-Rechtsanwaltskammer gibt sich eine Geschäftsordnung, die der Zustimmung der Mehrzahl der Mitglieder der Reichs-Rechtsanwaltskammer bedarf.

Nachweis

der in den Anmerkungen zur Rechtsanwaltsordnung ganz oder auszugsweise im Wortlaut abgedruckten Bestimmungen aus sonstigen Gesetzen und Verordnungen, in zeitlicher Reihenfolge geordnet.

Sachverzeichnis.

Zahlen ohne Zusatz verweisen auf die Paragraphen der Rechtsanwaltsordnung, hochgestellte Zahlen auf die Anmerkungen dazu (z. B. 6 Nr. 1 = § 6 Nr. 1 RAnwO.; 6⁸ = Anmerkung 8 zu § 6 RAnwO.).

B.

Druckfehler-Berichtigung.

Seite 43: In der Anmerkung zu § 63 muß es an Stelle

VO. vom 18. September 1933

VO. vom 18. **März** 1933 heißen.

FSC
www.fsc.org
MIX
Papier | Fördert gute Waldnutzung
FSC® C083411

Kolibri 360 GmbH
Ferdinand-Jühlke-Straße 7
99095 Erfurt, Deutschland
produktsicherheit@kolibri360.de